울고 싶을 때는 마음껏 울어.
그런데 다 울고 나서 말이야.
나는,
니가 웃었으면 좋겠어.

니가 웃었으면 좋겠어

오선화 작사 / 백하슬기 작곡
제이미 스톤즈 노래

넌 마치 인생이 끝난 것 같은 기분이라고 말했지.
그래 그럴 거야.
예상치 않은 결과 받아들일 수 없는 시간 위에서
넌 모든 바람을 맞고 서 있으니까.
절벽 위에 혼자 남아 있는 기분 왜 모르겠어.
우리는 모두 그 시간을 지나왔는데.

니가 웃었으면 좋겠어.
캄캄한 동굴인 것 같아도 걸어 나오면 터널인걸.
혼자만의 절벽이라면 천천히 내려와.
올라갈 때 볼 수 없었던 꽃들이 보일 거야.

예상치 않은 결과 받아들일 수 없는 시간 위에서
넌 모든 바람을 맞고 서 있으니까.
절벽 위에 혼자 남아 있는 기분 왜 모르겠어.
우리는 모두 그 시간을 지나왔는데.

니가 웃었으면 좋겠어.
영원히 머무를 것 같았던 시간이라도 흘러가고
아직 해는 너무 밝잖아.
해같이 환하게 다시 니가 웃을 때까지 우리가 함께할게.

니가 웃었으면 좋겠어. 니가 웃었으면 좋겠어.
니가 웃었으면 좋겠어. 정말이야. 정말이야.
니가 웃었으면 좋겠어. 니가 웃었으면 좋겠어.
니가 웃었으면 좋겠어. 정말이야.

니가 웃었으면 좋겠어

초판 1쇄 / 2015년 11월 16일
초판 4쇄 / 2019년 5월 21일

지은이 / 오선화
그린이 / 민효인

펴낸이 / 신은철
펴낸곳 / 좋은씨앗
출판등록 / 제4-385호(1999. 12. 21)
주소 / 서울시 서초구 바우뫼로 156, 402호
주문전화 / (02)2057-3041 주문팩스 / (02)2057-3042

www.facebook.com/goodseedbook

ISBN 978-89-5874-249-4 03230

신저작권법에 따라 보호받는 저작물이므로 무단 전제와 복제를 금합니다.

니가 웃었으면 좋겠어

일러두기
이 책은 써나쌤이 청소년들에게 얘기하는 형식으로 되어 있습니다. 청소년들이 일상생활에서 사용하는 입말체 표현을 간혹 그대로 쓰기도 했습니다. 여기서 '쉬키', '쉬키루'란 써나쌤이 엄마의 마음으로 청소년들을 부르는 애칭입니다.

내일 말고 오늘 웃고 싶은 청소년 쉬키루들에게

니가 웃었으면 좋겠어^^

써나쌤_오선화 지음

좋은씨앗

차례

추천의 글 10

 누가 뭐래도 넌 슈퍼갑이야

사이다와 스프라이트 16/쉬키들의 위대함 20/비교의 말을 듣고, 힘이 빠진 너에게 22/어젯밤, 내 쉬키루와 나눈 카톡 23/'지금'이 창피하다는 쉬키루에게 24/그 누구와도 비교할 수 없는 너에게 26/1인 1닭 27/강의를 듣기 위해 앉아 있는 쉬키들에게 28/소년원의 별들에게 29/어제, 나와 함께 울었던 쉬키에게 30/니가 웃었으면 좋겠어 1 34

아픈 네 마음이 보여

함께 괜찮자 50/너의 SOS를 받고 52/그 친구가 변해서 힘들다고? 56/아름다운 곳 59/어느 청소년 캠프에서 60/네가 날기를 62/난 널 믿을 거야 63/그 녀석의 웃음 66/어른의 말, 그 총알에 맞은 쉬키에게 68/하늘이 구멍난 거 같다고? 71/고통 속에서 걸어도 74/이해하기 싫으면 하지 마 75/어느 아침 강의에서 78/그저 돌아서 갈 뿐이야 81/아버지가 밉다는 쉬키에게 82/안 괜찮아도 괜찮아 86/쉬키들아, 미안해 90/니가 웃었으면 좋겠어 2 92

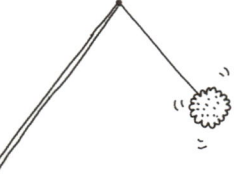

삶과 꿈을 부탁할게

너희만의 길 100/손 잡고 이루는 천국 102/숨쉬고 있어 줘 104/꿈꾸다 지친 너에게 106/너희가 너희를 아프게 하지 마 110/함께 가자 111/너희가 꿈이야 112/참 예쁜 삼단우산 114/아픔을 예상하고 있는 쉬키루에게 115/그 문제에 대해 질문했던 크리스천 쉬키들에게 120/너희들의 '처음'에 함께라서 행복해 123/"같이" 찬란하자 126/부탁해 128/너희의 걸음을 기도해 130/아픔도 축복이 돼 132/사랑은 부메랑 136/싸가지 훈련 139/왜 살아야 하냐고? 140/너희는 내 꿈이야 141/사랑방에서 142/니가 웃었으면 좋겠어 3 144

네 모습 그대로 사랑해

하늘이 웃더라 156/밤 10시, 고기 타임 162/한 사람 163/네가 널 좋아해 줘 164/축구하는 너희를 보며 168/세상을 다 준대도 너랑 안 바꿈! 170/뜸 들이는 시간 172/공부와 페북 176/그것만 177/잊지 마 178/롤링페이퍼 179/무모하지만 사랑해 180/다섯 글자에 묻어난 나의 자존감 182/어쩌면 다행이야 183/오늘 더욱 빛나는 너에게 186/구명조끼를 양보한 선생님을 보면서 187/그래도 188/니가 웃었으면 좋겠어 4 190

추천의 글

엄마는 울고 있는 아이를 달래고 있습니다. 안아 보기도 하고, 까꿍을 하기도 하고, 이상한 표정을 지어 보이기도 합니다. 그런 표정이 조금 부끄러울 법도 하건만 아랑곳하지 않습니다. 엄마에겐 아기만 보일 뿐입니다. 이윽고 아기가 웃습니다. 엄마는 행복합니다.

이 책이 그렇습니다. 그저 좋은 생각을 정리한 글이 아닙니다. 아이들과 함께 뒹굴며 사랑해 온 작가의 몸짓입니다. 오선화 작가는 밥 먹다가도 내 쉬키루들, 이쁜 것들 합니다. 저는 가끔 손발이 오그라듭니다. 그런데 그 부끄럽도록 열렬한 몸짓에 울던 아이들이 웃습니다. 아이들이 웃으면, 우리 주님도 같이 웃으십니다. 그렇게 모두를 웃게 만드는 이 책을 기꺼운 마음으로 추천합니다.

이재욱 목사 대방중앙교회 담임목사, 『부족해도 괜찮아』 저자 오선화 작가를 보면 생각나는 한마디가 있습니다. '아이들을 참 사랑하는구나.' 아이들이 울면 오히려 아이들보다 더 울어 주는 엄마, 아이들이 웃으면 그 웃음을 보며 더 웃는 누나, 아이들이 힘들어하면 함께 한숨 쉬며 더 힘들어하는 언니, 함께 치킨 먹고 수다 떠는 친구입니다. 진정으로 아이들을 사랑하는 엄마, 누나, 언니, 친구 같은 작가입니다.

그 작가가 아이들이 웃었으면 좋겠다는 마음으로 책을 냈습니다. 아마도 아이들이 이 책을 읽고 행복해하는 모습을 보며 더 웃을 것 같습니다. 그 웃음이 책으로 나옵니다. 이 책은 청소년, 청소년 사역자, 청소년을 둔 부모님 모두에게 분명 웃음을 주는 힐링 메시지가 될 것입니다.

배무성 목사 위미션(WEmission) 대표

청소년 사역자로서 '목사님'이라는 말보다 '쌤'이라는 말이 훨씬 더 듣기 힘듭니다. 쌤이라는 말에는 친근함을 넘어서 나를 특별하게 생각하는 단 한 사람이라는 의미가 있기 때문입니다.『니가 웃었으면 좋겠어』는 이 시대 아이들의 쌤, 오선화 쌤이 아이들의 눈물을 닦아 주며 쓴 손수건 같은 책입니다. 이 책은, 막막한 10대들에게 잠시 길을 잃었을 뿐이라고, 너는 존재 자체만으로도 빛난다고 격려합니다.

청소년들에게 귀가 아닌 가슴으로 듣는 말을 해 주고 싶다면 꼭 읽어 보기를 추천합니다. 이 책은 청소년을 사랑하는 가슴으로 쓴 책입니다.

임사무엘 목사 분당우리교회 고등부, 청소년 큐티집 『큐틴』 칼럼니스트

저는 책을 볼 때 저자를 먼저 봅니다. 그러고는 저자의 삶을 간략하게나마 연구하는 습관이 있습니다. 좋은 책을 쓰는 것은 어려운 일입니다. 책에 쓴 대로 사는 것은 그보다 더 어려운 일입니다. 이 책의 저자 오선화 작가와 가족과 다름없이 지내오면서 제가 확신할 수 있는 것은, 그녀가 이 책에 맞는 삶을 살고 있다는 것입니다.

이 책은 아이들과 함께 현장에서 구르며, 아이들 때문에 먹고, 아이들 때문에 울고, 아이들 때문에 웃던 삶의 헌신이 해산한 하나의 귀한 열매입니다. 웃을 수 없는 시대에 살고 있습니다. 이 책으로 인해 모두가 웃었으면 좋겠습니다.

이요셉 대표 앙떼 커뮤니티

누가 뭐래도
넌 슈퍼갑이야

너희는 문제가 많다고?
아니, 문제는 단 하나야.
너희들이 빛난다는 사실을 모른다는 거.
나는 그걸 알려 주러 왔어.
너희들이 미치도록 빛나서 그 빛에 눈이 부셔서,
나는 너희들을 떠나지 못하겠다고.

사이다와 스프라이트 ✻ ✻ ✻

사이다를 주문했는데
스프라이트가 나오는 경우가 종종 있잖아.
그런데 그러면 말이야,
"사이다는 없고 스프라이트만 있는데요,
괜찮으시겠어요?"라고 미리 물어야 하는 거 아닐까?

아니, 누구 맘대로
사이다와 스프라이트를 같다고 생각하는 거지?
그리고 상대방도 그렇게 생각할 거란 믿음은
도대체 어디서 나오는 거야?

다르잖아! 분명히 다르지!
같아 보인다고 같은 건 아니니까.

사람들이 너희를 보고
다 똑같은 날라리라고 말하지만 다르잖아.
다 사정이 있고 사연이 있고
상황이 있고 배경이 있는 거지,

머리 빨갛다고 담배 핀다고 사람 팬다고
술 마신다고 다 똑같은 날라리라고?

아, 진짜.
내 쉬키들이 같은 종류의 물고기라도 되는 줄 아나 봐.
그러려고 그런 건 아니지만
그럴 수밖에 없었던 이유란 게 있는 건데,
스프라이트도 사이다랑 같은 거니까
그냥 아무 말 없이 마시라고?
싫어. 안 그럴 거야.

사이다랑 스프라이트는 분명,
펩시콜라와 코카콜라는 분명,
너희들 한 명 한 명은 더더욱,
어쩜 이렇게 다를 수 있지 싶을 만큼 달라.

그래서 다 똑같다고 말하는 소리를 들으면
쌤은 속이 뒤집힐 정도로 속상한가 봐.

다 똑같으니
그냥 드시지?

쉬키들의 위대함

쉬키들과 고기 먹기로 약속한 날!
쉬키들에게는 학원 근처에서 기다린다고 하고
학원 정문 앞에서 기다리고 있었다.

쉬키들 중 두 명이 공부를 하겠다고
학원에 다니기 시작했는데
그 모습이 기특해서 학원 앞에서 짠! 하려고 했던 것.

그런데 쉬키들이 학원에서 나오기 전에 카톡을 보냈다.
"쌤, 골목으로 피해요. 학원 앞에 있으면
여기서 같이 나가는 나쁜 무리들이 다 붙어요!
돈 많이 드니까 피해요!"

보통 때는 같이 나오더니 오늘 메뉴는 고기라고,
돈 많이 드니까 피하라고 그런 것.
기특하기도 하고 귀엽기도 해서
쉬키들 말대로 골목으로 가서 기다렸다.

그런데 이 녀석들,
고기 먹는 모습을 보고 있으니
그 기특함과 그 귀여움이 모두 사라졌다.

쉬키들이 친구 무리와 함께 나왔을 때와
먹는 양이 별반 차이가 없었다.

그러니까 내 돈을 아끼려던 마음보다
자기들이 무리의 몫까지 먹어 버리고 싶은
마음이 컸던 것일지도…….

설마했던 현실이 눈앞에 펼쳐지고
쉬키들의 위대함을 보며
나의 신용카드는 울어 버렸다.

그래도 이 쉬키들이 여전히 사랑스럽다는 것이
내 삶의 함정이긴 하지만……. ㅋㅋㅋ

비교의 말을 듣고, 힘이 빠진 너에게

노트북을 살 때 엄청 고민하잖아.
저게 가벼운지 이게 예쁜지 비교하면서 말이야.
과자를 살 때도 그렇지 않아?
지금 이걸 먹고 싶은지 이걸 포기하고 저걸 먹을지 생각하고 비교하면서 고르잖아.
비교는 말이야, 그럴 때 하는 거야.
네가 필요한 무언가를 살 때, 숨이 없는 물건을 선택할 때, 그럴 때 하는 거야.
그러니까 숨이 있는 널 누군가와 비교할 수는 없는 거지.
넌 노트북이나 과자처럼 없어도 되는 게 아니니까.
무엇보다 넌 유일하니까.
비슷한 무언가가 있어야 비교를 하는데 넌 이 세상에 하나잖아.
하나뿐인데 어떻게 비교를 해?
그러니까 네가 잘못한 게 아니라 비교 자체가 오류야.
누가 뭐라고 해도 그 말에 질질 끌려가서 널 비교의 저울대에 올려놓지 마.
넌 이 세상을 통틀어 딱 하나라는 걸 잊지 말아야 해.

어젯밤, 내 쉬키루와 나눈 카톡

나 : 사랑한다 ㅋㅋㅋ

쉬키루 : 왜요 ㅋㅋ 전 여친을 사랑합니다!

나 : 임마! 그 사랑이 아니야 ㅋ 알게 될 게다 ㅋ
조건 없는 예수님의 사랑 ㅋ

쉬키루 : 언제 알까요?

나 : 곧!!!! 그리고 쌤 사랑은 받아 줘 ㅋ

쉬키루 : 여친한테 물어보고요 ㅋ
저는 여친밖에 모르는 바보입니다.

나 : ㅋㅋㅋㅋㅋ 미치겠다 ㅋㅋㅋ

쉬키루 : 곧 알게 되면 그 사랑을 그때 받아드리죠!

나 : 그래. 근데 난 네가 받든 말든 사랑할 거야 ㅋ

쉬키루 : 아 곤란해지는데, 여친한테 물어보고 올게요.

이 카톡 이후로, 하루 종일 실실 웃음이 난다 ㅎㅎㅎ
귀여워 죽겠다 ㅎㅎㅎ

ㅎㅎㅎ  ㅋㅋㅋ

'지금'이 창피하다는 쉬키루에게

사회적 배려 대상자가 뭐?
사회가 널 배려해 준다는데 뭐가 그리 심각한 건데.

이 사회가 말이야,
쌤이 좀 살아 보니 누굴 배려해 주고
이런 걸 진짜 못하거든.

근데 넌 그런 사회가 배려해 준단 거잖아.

별로 안 친하고 차갑게만 보이던 애가
너한테 먼저 인사해 주는 거라고 생각해.

좀 황당하지만 기죽을 필요는 없잖아.
같이 인사해 주면 되지.

기죽지 마.
굳이 알릴 필요 없지만
굳이 숨길 필요도 없는 거야.

네 속에 숨어야 될 이유는 더더욱 없는 거야.

지금 받는 배려는
널 누르는 돌이 아니라
널 일으키고 싶어 하는 손이거든.

주위 사람들 눈치 보지 말고 잘 잡고 가.
그리고 곧 혼자 걸을 수 있게 되거든
작별 인사를 하고 그 배려를 세상에 돌려줘.

이 사회에는 사람에게도
배려하지 못하는 사람이 수두룩하거든.
넌 그런 사람들을 품고
사회까지 배려하는 사람이 되는 거야.

그럼 되지, 뭐.
아무 문제없어.
기죽을 이유는 더더욱 없어.

그 누구와도 비교할 수 없는 너에게

네가 다른 사람들보다 못한 사람이라 이런 문제 속에 있는 거라는 말이 내 가슴을 쿡쿡 찌른다.

자, 내 말 잘 들어. 삶의 문제는 누구보다 못해서 오지 않아. '누구보다 못한 사람'이라고 생각하는 데서 오지. 그러니까 너보다 앞서가는 누구 때문이 아니라 그저 네 생각 때문인 거야.

비교, 지겹지도 않아? 세상에 들어와 지금까지 내내, 사람들이 똑같은 자를 들이대며 길다, 짧다 하는 소리만 들어도 귀에 딱지가 앉을 지경인데 뭘 너까지 스스로, 게다가 문제까지 비교를 하고 있어. 그런 잣대로 널 초라하게 만들지 마.

누구보다 못하다는 네 생각을 바로 보고, 누구의 문제보다 깊은 너의 문제 말고 그저 너의 문제만 따로 떼어 내서 봐. 그러고 나서 우리 다시 만나자. 누구보다 못한 너 말고 그냥 너를 만나고 싶어.

1인 1닭

사죄도
사과도
상담도

사랑도

1인 1닭이면 된다, 너희들은.

강의를 듣기 위해 앉아 있는 쉬키들에게

작가님이 포스터를 보니까 말이야.
정말 최고의 분들이 너희를 만나기 위해 오시더라.

왜 그런지 알아? 너희가 최고이기 때문이야.
무대와 관객석이 나뉜 게 아니라
우리는 그냥 이 한 공간에 함께 있는 최고들인 거야.

너희나 나나 다른 거 없어.
그저 작가님이 조금 더 늙었을 뿐, 우리는 다 같이 최고야.

그런데 너희가 조금 더 최고야.
영광이야, 최고들을 만나서.
작가님의 부족한 강의를 통해 너희가 꼭 알게 되었으면 좋겠어.

너희가 얼마나 예쁜지.
너희가 얼마나 빛나는지.
너희가 얼마나 보물인지.

소년원의 별들에게

알아? 너희가 얼마나 반짝반짝 빛나는 별들인지?
몰라도 상관없어. 너희가 모른다고 그 사실이 변하는 건 아니니까.
너희는 누가 뭐라 하든지 너희가 믿든지 안 믿든지 눈부시게 빛나는 별들이야.
너희는 문제가 많다고? 아니, 문제는 단 하나야. 너희들이 빛난다는 사실을 모른다는 거.
나는 그걸 알려 주러 왔어.
너희들이 미치도록 빛나서 그 빛에 눈이 부셔서, 나는 너희들을 떠나지 못하겠다고.

어제, 나와 함께 울었던 쉬키에게

얼마나 힘들었을까. 얼마나 속상했을까.
너의 이야기를 다 듣고 쌤은 한참을 울었다.

너의 이야기를 들으면서,
네 속의 어린아이가 나와 눈물이 나는 눈을 비비며
얘기하는 거 같더라.

네 속의, 그저 사랑받고 싶은 작은 아이를 보았어.
그 아이가 내 손을 잡고 한참을 울었지.

그리고 너의 이야기 속에 등장하는 엄마도 그렇더라.
엄마도 마음속 어린아이가 나와서
사랑받고 싶다며 눈물이 흐르는 눈을 비비고 있더라.

다 커 버린 자신의 모습을 원망하며,
딸 앞이라 어른스러운 모습을 보여야 하는 걸 알면서도,
자꾸 어린아이가 나오니까,
그걸 부인하느라 소리를 지르고 있는 거야.

그 표현 방법이 널 너무 속상하게 하지만,
네가 다 울고 나서
엄마 마음속 어린아이를 만나 보면 좋겠어.

잘 안 보인다고? 그래, 그럴 거야.
네 눈에는 엄마가 엄마니까.
엄마는 엄마여야 하니까.

그런데 엄마이기 이전에 사람이잖아.
노력했는데도 계속 가난한 게 속상하고,
집에 있으면 아무런 대책이 없는 거 같아 짜증나고,
신세가 처량해 눈물도 나고,
그런 마음들이 당연한, 사람이잖아.

그런데 엄마라서
그런 당연한 마음들을 그대로 표현하지 못하는 거야.
그래도 괜찮은 건데 괜찮지 않다고 생각하는 거야.

넌 이렇게 내 손 잡고 울 수도 있는데
엄마는 그럴 수도 없는 거야.
오늘부터 잘 살펴보면 어떨까?
엄마 마음속 어린아이가
얼마나 외롭고 슬픈지
얼마나 사랑받고 싶어 그러는 건지…….

그럼 조금은 알게 될 거야.
쌤과 얘기하면서 왜 함께 울 수 있었는지…….
그 마음을 네가 엄마와 느끼게 된다면
네 마음속 어린아이도 기뻐할 거야.

넌 참 예쁘고 소중한, 사랑받기 위해 태어난 사람이야.
이건 100퍼센트 사실이야.
이 사실은 누가 뭐래도, 설령 너의 가족이 뭐라 해도,
변하지 않아.
사랑한다. 그리고 고맙다.
말해 줘서, 살아 줘서…….

니가 웃었으면 좋겠어 1

그때, 그 쉬키가 말했지.
"쌤, 알겠어요."
나는 어리둥절해서 물었어.
"뭘?"
"쌤이 말했던 사랑이요. 맨날 사랑한다고 했잖아요."
"그랬지. 네가 맨날 부끄럽다고 하지 말라고 그랬잖아."
"네, 그런데 알겠어요. 이런 느낌이 사랑인가 봐요. 사랑받는 게 이런 건가 봐요."
그 쉬키의 말에 어찌나 눈물이 나던지, 꾹 참느라 고생했지.

'직감'이라는 거, 믿니? 나? 나는 믿는다기보다는 '직감'이라고 밖에 설명할 수 없는 일이 있기는 한 거 같아. 어떤 녀석은 딱 한 번 만났을 뿐인데도 내 쉬키가 될 것 같은 느낌이 들거든. 길거리를 지나가다 몇 번 마주친 녀석에게서 그런 느낌을 받을 때도 있지. 쉬키들은 그런 나를 보며 '작두를 탄다'고 얘기하기도 하는데, 나는 그냥 '직감'이라고 말해.

청소년들을 만나기 시작하면서 그런 느낌이 온몸을 감돌면 확 기분이 좋아지곤 했어. 불과 몇 개월 전까지 그랬지. 그런데 지금은 그렇지 않아. 이건 아주 솔직한 얘기인데 말이야. 쉬키들이 하나둘 늘면서, 내 카드 명세표에 치킨집 이름이 늘어나면서, 조금씩 그 직감을 피하고 싶어졌어. 하지만 무조건 피할 수는 없었어. 하나님이 주신 한 영혼을 정당한 이유 없이 외면할 수 없잖아.

그래서 나는 그런 직감이 들 때마다 하늘에 대고 말했어. "알겠어요. 뭐 하나님이 뾰족한 수를 마련해 주시겠죠." 이렇게 믿음 좋게 순응하기도 했고, "하나님, 또요? 에이, 이제 버거워요. 올해는 이쯤에서 그만 주시죠." 이렇게 애써 스쳐 지나가기도 했어.

하지만 내 멋대로 스쳐 지나가면 마음이 편치 않았어. 뒤통수에 직감이 매달려 있는 것처럼 내내 신경이 쓰여 곧 무릎을 꿇었지. "하나님, 사실 내 느낌일지도 모르잖아요. 하나님이 직접 귀에 대고 얘기해 주시는 건 아니니까요. 그러니까 꼭 품어야 하는 양이면 세 번 만나게 해 주세요. 그럼 하나님의 명령으로 알고 꼭 품을게요."

언제나 순전하지 못한 기도에도 응답하시는 하나님을 느끼는 건, 정말 소름 끼치는 일인 것 같아. 정말 그냥 스쳐 지나간 쉬키를 딱 세 번 만나게 되는 경우가 종종 있거든. 지금 이야기하고 싶은 쉬키도 그런 경우였어.

내가 다니고 있는 교회 앞을 지나가는데, 그 쉬키가 눈에 띄었어. 사실 내 눈에만 띈 건 아니었을 거야. 그 시간에 그곳을 지나가는 사람이라면 그 쉬키를 못 볼 수가 없었거든. 쉬키들이 좋아하는 아디○스 트레이닝복을 위아래 빨간색 세트로 맞춰 입고, 그것도 모자라 빨간색 운동화를 신고 교회 앞을 서성이고 있었거든. 어떻게 눈에 안 띌 수가 있겠어?

그런데 눈길이 간 것보다 중요한 것! 아까 말한 직감 말이야. 그게 팍 오는 거야. 나는 눈을 질끈 감고 지나치며, 합리화가 듬뿍 담긴 기도를 했지.
"하나님, 저렇게 빨간데 어떻게 눈에 안 띌 수가 있겠어요. 하나님의 뜻이라서 제 눈에 보인 건 아닌 거 같아요."

그 후로 몇 번 빨간 트레이닝복이 떠올랐지만, 뭐 흔하지 않은 복장이라 그럴 거라고 생각했어. 그리고 며칠 후, 나는 아무 생각 없이 교회 앞을 지나고 있었는데, 번뜩 뇌에 불이 켜지는 느낌이 들었지. 빨간 트레이닝복이 또 교회 앞을 서성거리고 있었거든. '뭐, 한 번 더 볼 수야 있는 거지.' 나는 또 한 번 눈을 질끈 감았지.

그리고 며칠 후, 한 번 더! 그러니까 합쳐서 세 번째 보게 되었을 때, 내가 했던 기도가 떠오르고 말았지.
"잘못했어요. 하나님, 꼭 품어야 하는 양이면 세 번 만나게 해 주세요. 그럼 꼭 품을게요."
"잘못했어요. 하나님, 꼭 품어야 하는 양이면 세 번 만나게 해 주세요. 그럼 꼭 품을게요."
"잘못했어요. 하나님, 꼭 품어야 하는 양이면 **세 번** 만나게 해 주세요. 그럼 꼭 품을게요."

내 머릿속에서 '세 번'이라는 글자가 점점 커지기 시작했고, 나는 침을 꼴깍 삼키고 그 쉬키에게 다가갔어.
"너, 여기 왜 이러고 있어?"

"피아노 치려고요!"
엥? 이건 또 무슨 말이지? 왜 하나님은 나에게 평범한 쉬키는 대체 안 보내 주시는 걸까? 나는 암담한 심정으로 되물었어.
"피아노를 치려고? 자세히 좀 말해 봐."

쉬키는 그제야 차근차근 설명하기 시작했어. 청소년들과 함께하는 나에게 청소년들이 잘 붙는 건 강아지를 키우는 사람에게 강아지가 냄새를 맡고 잘 가는 것과 같다고 생각해도 될까? 신기하게도 청소년들은 나에게 잘 다가오고, 처음 만나서도 이야기를 잘해 줘. 나에게 청소년 냄새가 나나 봐. 그저 고마운 일이지, 뭐. 빨간 트레이닝복 쉬키는 두서없지만 정열적으로 자신의 이야기를 해 주었어. 그 이야기를 다 실으면 책 한 권의 분량이 거의 다 채워질 테니, 지면 관계상 정리해서 말해 줄게.

"가수가 되고 싶어 보컬 학원을 다니는데, 연습실을 사용하려면 추가 비용을 내야 해요. 그런데 그 돈이 없어서 고민하고 있었거든요. 그랬더니, 보컬 학원 선생님이 교회를 다니라고 얘기해 주었어요. 교회에 가면 피아노를 칠 수 있다고요."

"그럼 들어가지. 왜 여기서 서성대고 있어?"
"아무나 들어가면 안 된대요."
나는 그제야 이해가 되었어. 피아노를 치고 싶어 교회로 들어가려고 했는데, 입구에서 제지를 당한 것이지. 어쩌면 당연한 일이야. 빨간 트레이닝복을 입은 청소년이 불쑥 들어가 "피아노 치러 왔어요" 하면 '아무나'로 보일 수 있으니까. 그런데, 나는 왜 그 '아무나'라는 말이 그렇게 속상했던 걸까?

나는 그 쉬키를 데리고 교회로 들어갔어. 그리고 경비실 문을 열고 들어가 부탁했어.
"안녕하세요, 권사님. 이 녀석이 피아노를 치러 올 건데요, 그럼 피아노 있는 방 문 하나만 열어 주세요. 저희 고등부 아이예요. 피아노 고장나거나 문제 있으면 제가 책임질게요."
경비 권사님은 알겠다며 참 수고한다고 격려를 해 주셨어.

나는 감사하다고 꾸벅 인사를 하고, 그 쉬키를 보았지. 얼굴에서 빛이 나더라. 어른들의 표현대로라면 아주 불량한 복장의 요즘 아이잖아. 그런 아이가 그렇게 해맑은 표정을 지었다면, 누가 믿어 주기나 할까? 그런데 뭐 누가 믿어 줘서 하는 일은 아니니까. 그런 거 상관없이, 그 쉬키의 표정은 아주 날씨 좋은 봄날의 햇살 같았어.

"이제 열심히 연습해!"
"네, 학교 끝나고 매일 올 거예요!"
"그래! 꼭 그렇게 해! 나는 여기서 네 또래 애들 모아서 비전반을 하고 있는 써나쌤이야. 또 보자."

다음날, 나는 그 쉬키가 서성거렸던 시간 즈음에 교회로 가 보았어. 그리고 그 쉬키가 왔을지도 모른다는 생각에 피아노가 있는 교실들을 순례하는데, 어디선가 반가운 피아노 소리가 들렸지. 피아노 소리를 따라가니, 창문 사이로 그 쉬키를 만날 수 있었어. 내 얼굴에는 문득 웃음이 떠올랐지. 들어가서 인사를 할까 하다가 방해가 될지도 몰라서 그냥 돌아왔어.

다음날, 나는 또 교회로 갔어. 피아노 소리는 또 나를 인도했지. 그 쉬키가 피아노 치는 모습을 한참 지켜보다가, 김밥과 쪽지를

살짝 넣어 두고 왔어. '연습 열심히 하는 모습 보기 좋다. 파이팅! -써나쌤.'
며칠 후, 나는 또 교회로 갔는데, 평소보다 조금 늦게 도착해서 연습을 끝내고 나오는 쉬키와 마주쳤어.
"어? 끝났어?"
"아, 네. 김밥 잘 먹었어요."
"흐흐, 뭐. 별거 아닌데……. 조심히 가."
"네, 감사합니다!"

밝게 인사를 건네고 사라지는 쉬키의 뒷모습. 여전히 빨간 트레이닝복. 빨간 운동화. 여전히 눈에 띄는 그 쉬키는 이미 나에게 '아무나'가 아니었어. 어느새 '하나님이 나에게 맡겨 주신 한 영혼'이 되어 있었지.
그 후로도 나는 쉬키의 연습 시간에 맞춰 김밥이나 빵과 함께 쪽지를 두고 나왔어. 그리고 가끔은 이야기를 나누기도 했지. 그러다가 어느 날 문득, 쉬키가 나에게 물었지.
"그런데, 비전반이 뭐예요?"
"응, 삶이 힘들지만 같이 꿈꾸고 싶은 아이들이 있는 반."

"어떻게 들어가요?"
"이번 주 일요일 9시에 교회로 오면 돼."
"그럼 그냥 들어가요?"
"응! 올래?"
"그럴까요?"
나는 고개를 끄덕였어. 사실 내 마음은 춤을 추고 있었지.

드디어 일요일, 나는 예배실 문 앞에서 빨간색이 보이기를 기다렸지. 역시, 하나님은 나의 기대를 저버리지 않으셨어. 빨간색으로 무장한 내 쉬키가 나타났지. 얼마나 반가웠는지 몰라. 거짓말 조금 보태서, 천국에 간 엄마가 살아 돌아온 것처럼 반가웠어.
"우와! 진짜 왔네. 완전 잘 왔어!"
쉬키는 환하게 웃었지.
쉬키는 그 후로 가끔 결석을 하기도 했지만, 그래도 계속 교회에 나왔어.

몇 달이 지나고, 나의 책 『청소년 쉬키루들에게』가 출간되었어. 출판사에서 북콘서트를 기획하는 회의를 하다가, 문득 내 쉬키를 게스트로 세우고 싶어졌지.
"이 책이 청소년 쉬키들을 위한 편지를 모은 거니까요, 가수가 되고 싶어하는 제 쉬키를 게스트로 세우면 어떨까요?"
감사하게도 모두 동의해 주었고, 나는 기쁨에 차서 그 쉬키에게 전화를 걸었지.
"노래 연습 더 열심히 해야겠다. 오선화 작가가 북콘서트에 널 게스트로 초청한다던데?"
"에이, 쌤! 말도 안 돼요. 어떻게 제가 해요?"
"그럼 안 할래? 헐! 거부하는 거임?"
"아니에요. 해 볼래요. 하고는 싶은데 자신이 없어서요."
"써나쌤이 너한테 전해 주라는데, 자신은 없겠지만, 도전해 보기를 원한대."
"흐흐, 알겠어요. 해 볼게요."

드디어 북콘서트 당일. 시작은 7시인데, 이 쉬키가 3시에 전화를 했어.
"아직 멀었는데, 왜 전화했어?"
"저 벌써 왔어요. 기다릴게요."

"벌써?"
"네, 집에 있으니 더 떨려서 일찍 왔어요."
나는 부랴부랴 준비하고 북콘서트 장소로 향했지. 쉬키는 그 앞 도넛 가게에 있었어. 어찌나 귀엽던지……. 그 쉬키의 마음속에 있던 떨림이 밖으로 튀어 나와 나와 도넛과 함께 식탁에 놓여 있는 느낌이었지.
"그렇게 떨려?"
"네. 청심환 두 개 먹었어요."
"그거 두 개나 먹어도 되는 거냐?"
"몰라요. 아, 매일 노래방에서 연습했는데……."
"흐흐, 잘할 거야."

나는 쉬키를 데리고 북콘서트 장소로 갔어. 식탁 위의 떨림은 모른 척하고 쉬키만 데리고 나왔는데, 쉬키는 마치 꼭 가져가야 하는 준비물처럼 떨림을 챙겼지.
"제가 무지 사랑하는 쉬키입니다. 아마 정말 괜찮은 가수가 될 건데요. 여러분께만 미리 보여 드리는 거예요."

나는 쉬키를 소개했고, 쉬키는 여전히 떨림을 가지고 무대에 섰지. 하지만 무대는 성공적이었어. 지금 30-40대가 애창곡으로 꼽을 만한 옛 노래를 멋드러지게 불렀지.

모든 순서가 끝나고, 일반 관객들이 돌아가고, 일정을 함께해 주었던 친한 목사님이 말씀하셨어.
"오늘은 오 작가님 말고, 노래했던 친구를 축복하고 싶은데, 괜찮겠어요?"
"오, 좋아요. 당연히 좋지요!"
원래는 나를 축복하기로 되어 있었거든. 나를 위해 기도해 주려고 남은 사람들과 함께 기도하고, 목사님의 축도로 마무리하기로 되어 있었지.
그런데 목사님의 마음에 그 쉬키의 노래가 남으셨나 봐. 나는 내가 축복받는 것보다 훨씬 기뻤어. 그 쉬키를 가운데에 놓고 모두 손을 얹고 진심으로 기도해 주었어. 목사님도 진심을 가득 담은 축도를 해 주었지. 그리고 식사를 하려고 나왔어.

그때, 그 쉬키가 말했지.

"쌤, 알겠어요."
나는 어리둥절해서 물었어.
"뭘?"
"쌤이 말했던 사랑이요. 맨날 사랑한다고 했잖아요."
"그랬지. 네가 맨날 부끄럽다고 하지 말라고 그랬잖아."
"네, 그런데 알겠어요. 이런 느낌이 사랑인가 봐요. 사랑받는 게 이런 건가 봐요."
그 쉬키의 말에 어찌나 눈물이 나던지, 꾹 참느라 고생했지.

우리는 설렁탕을 먹으러 갔어. 어찌나 배가 고팠던지, 나는 허겁지겁 먹었지. 그런데 나보다 그 쉬키가 더 허겁지겁 먹었지. 생애 첫 공연을 마쳤으니 얼마나 홀가분했을까?
나는 잠시 먹는 것을 멈추고 그 쉬키를 바라보며 생각했어.
'니가 웃었으면 좋겠어.'
그리고 기도했지.
"하나님, 정말 이 쉬키가 웃었으면 좋겠어요"라고…….
쉬키야, 쌤은 정말 니가 웃었으면 좋겠어.
아주 많이 웃었으면 좋겠어.

아픈 네 마음이 보여

이제 괜찮아.
가벼워진 어깨로 찬찬히,
다시 시작해 보자.
잘 기억해.
너의 숨보다 더 중요한 건
이 세상에 없어.

함께 괜찮자

어제와 오늘 저녁,
눈에 넣을 수는 없지만
눈에 넣고 싶은 만큼
예쁜 아이들을 만나고 간다.

헤어지기 전,
등에 손을 얹고 기도하는데
한 아이가 갑자기 뒤돌아 나를 꼭 안았어.

다들 뛰어도 뛰지 않고
웃어야 하는 부분에서도 웃지 않아
확연히 눈에 들어왔던 아이.

그 아이가 나를 안고 펑펑 울었어.
그 마음이 오롯이 다 느껴져 미치겠더라.

괜찮아, 넌 너무 예쁘잖아.

괜찮아, 사랑할 수 있잖아.

너라서, 다, 괜찮아.
그 아이를 토닥이며 말해 주었어.

아이는 말없이 고개를 끄덕였지만
나는 대답을 들었어.

이제 괜찮을게요.
진짜 괜찮아져 볼게요.

아이는 그렇게 말했지.

나는 대답했어.

그래, 우리 함께 괜찮자.

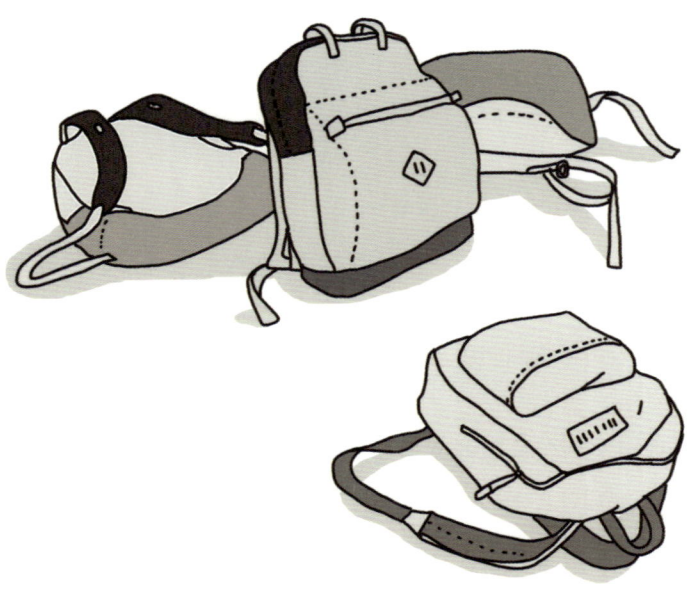

너의 SOS를 받고

이제 괜찮아.
사람은 말이야,
어디든 내 힘듦을 털어놓을 수 있으면,
막혔던 숨구멍이 트이거든.
멈췄던 호흡이 다시 시작되는 거야.

그러니 안심해, 다 말할 수 있었잖아,

나에겐 한계가 있어.
그래, 가장 소중한 것 하나!
다시 시작해 보자.

이젠 괜찮아.

그럼 이제 어떻게 하냐고?
우선 숨 고르기를 하고
네 어깨에 놓인 짐들을 하나씩 내려놓아 봐.

그리고 찬찬히 살펴봐.
정말 다 집어치우고 싶은 건지.
그렇다면 그렇게 해. 그래도 괜찮아.
네가 숨쉬는 것이 제일 중요하니까.
아무리 중요한 일이라도 너의 숨보다 중요한 건 없으니까.

그런데 다 버리고 싶은 게 아니라면
그 중에서 도저히 안 될 것을 먼저 집어치우면서,
네 주변 사람들에게 가능한 한 솔직하게 설명해.

다 이해해 줄 거고,
설령 다 이해받지 못한다 해도 문제될 건 없어.
'진심'이란 열쇠는 '시간'이란 문을 만나면
언젠가 꼭 열리게 되어 있거든.

그 다음에는 네가 생각하기에
제일 중요하고 먼저 해야 하는 일을
다시 집어서 시작하면 돼.

다음 일이 대기하고 있다고 조급해하지 않아도 돼.
죽고 싶다고 말할 만큼 힘들었는데
또 사람들의 시선과 책임감에 짓눌려
서두를 필요는 없어.

지금 일에는 최선을 다해 노력하고
다음 일에는 최선을 다해 자유해.

좋은 경험을 한 거야.
너에게 한계가 있다는 걸 알았고
일의 우선순위를 정해야 한다는 걸 알았잖아.

다음에는 이렇게 짓눌리는 상황 전에
거절할 건 거절하고 못하는 건 못한다고
말해야 한다는 걸 배웠잖아.

아주 좋은 걸 배운 거야. 이제 괜찮아.
가벼워진 어깨로 찬찬히, 다시 시작해 보자.

잘 기억해.
너의 숨보다 더 중요한 건 이 세상에 없어.

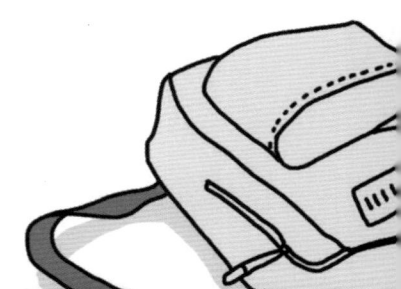

그 친구가 변해서 힘들다고?

자, 관악산을 올라갔다고 상상해 봐.
너도 올라가고 친구도 올라갔어.

그런데 너와 친구가 얘기하는 관악산이 다른 거야.
그럼 한 사람의 기억이 변한 걸까?

아니야.
왜냐하면 그 친구는 과천 쪽으로 올라갔고
너는 서울대 쪽으로 올라갔으니까.

왜 뜬금없이 산 얘기를 하냐고?
넌 지금 그 아이가 변했다고 말하는 거잖아.
그게 아니라고 얘기하고 싶어서 그래.

네가 저번에는 서울대 쪽으로 올라갔던 산을
이번에는 과천 쪽으로 올라간 것뿐이라고.

사람도 말이야, 산처럼 한눈에 볼 수 없거든.

저번에는 이쪽을 보고
이번에는 저쪽을 볼 수 있는 건데
이쪽이 아니라고 변했다고 할 수는 없는 거야.

누군가와 친하다고
그 사람의 전부를 안다고 생각하지 마.
네가 본 건, 이번에도 저번에도, 일부분이야.

아기 코끼리 다리를 보았다고
코끼리를 다 봤다고 할 수 없는 것처럼
그 아이는 그런 면도 있고 저런 면도 있는 거야.

아무리 친절한 사람도 친절하기 싫을 때가 있고
아무리 욱하는 사람도 차분할 때가 있어.
모두 24시간, 365일 그런 사람은 아닌 거야.

서울대 쪽으로 올라가는 관악산이 좋아도
이번에는 과천 쪽으로 한번 올라가 봐.

낯선 것 같지만 그만큼 더 알아가는 과정이니까
그만큼 더 알면 더 친한 사이가 되는 거니까
너에게도 좋은 일이야.

아무리 친한 사람도 전부를 다 알 수는 없어.
다른 사람보다 비교적 많이 알 뿐이야.

사람은 산 같아서 알면 알수록 푸르다.

네가 일부분을 보고 전부라고 오해하거나
다른 면을 보고 변했다고 단정짓지만 않는다면
그 푸르름을 느낄 수 있을 거야.

아름다운 곳

원래 아름다운 곳은
깊숙이, 오래 들어가야 있어.
네가 보는 그 친구가
아름답지 않은 게 아니라
아직 네가 그 친구의 마음,
아름다운 그곳까지
들어가지 않은 거야.

어느 청소년 캠프에서

쉬키들아,
너희가 사랑받지 못한다는 게 말이 돼?
퇴근하자마자 달려와서 작업복을 입은 채로 너희를 위해 기도해 주시는 선생님이 계시던데?

살기 싫을 때가 많다고? 그게 막걸리니, 말이니?
조금만 뛰어도 무릎이 아픈 노년의 선생님이 너랑 발맞추려고 열심히 뛰시는 거, 못 본 거야?

마음은 너랑 똑같이 율동을 하는데 몸은 계속 엇박자로 율동하는 선생님도 계셨어. 그저 너희와 함께하고 싶어서 땀을 뻘뻘 흘리시던데, 네 곁에 아무도 없다고 투덜대면 안 되는 거잖아.

상처가 있어서 그렇다고? 어른들은 상처가 없어 보여?
절대 아니야, 그냥 그렇게 보일 뿐이야.
그 삶에도 상처가 덕지덕지 붙어 있는 걸. 아직 딱지도 앉지 않은 상처도 여러 개야.

이 험난한 세상에서 상처 하나 생기지 않았다는 건 말이 안 되잖아. 그런데 왜 너희를 꼭 안아 주냐고?
그런데 왜 너희를 위해 우냐고?

그거 진짜 몰라? 자신들의 상처보다 너희가 더 소중해서 그런 거잖아. 그게 사랑이라는 거잖아.
네 마음만 들여다보느라 놓친 거야.
고개를 들어 봐. 그리고 똑똑히 봐.

네 곁에 너를 아무 이유 없이 사랑하는 사람이 있어.
너는 분명히 사랑받고 있다고. 그러니까 살아야 하는 거야.
그 사랑 흠뻑 받고 자라서 또 너 같은 상처들에게 그 사랑 다시 전해 줘야지.

지치고 피곤한 선생님들이 너희를 보고 함박웃음을 짓더라.
사랑해서 그런 거냐고?
아니! 청소년 쉬키들, 너희가 사랑이라서 그래.

네가 날기를

한 고등학교에서 몇 주간
스토리텔링 수업을 진행하고 있어.
오늘은 자신의 감정을 시로 표현하는 시간을 가졌어.
그런데 한 녀석의 시가 내 가슴을 쾅 하고 치더라.

'얇은 깃털을
돌로 누르고 있어
심란하구나'

시는 해석하는 게 아니야, 라고 말하면서
문득 해석하고 기도하는 나를 발견했어.

'얇은 깃털'이 네가 아니기를,
'돌'이 어처구니없는 어른들과
더 어처구니없는 이 나라가 아니기를,
네가 얼른 돌을 밀쳐 내고 빠져나와
훨훨 날 수 있기를…….

난 널 믿을 거야

"저를 믿지 마세요."
지난 주에 한 쉬키루가 말했어.

"우리를 믿지 마세요."
오늘 한 쉬키루가 말했지.

자기가 진짜라며,
자기를 믿어 달라는 가짜들이 난무한 세상.
뒤통수를 때리고 도망가는 모습을 참 많이도 봤어.

그런데 기꺼이 뒤통수를 대 주겠다는데,
자기가 때릴지도 모르니 주의하라며
마음을 내주는 쉬키루들을 만나는 요즘,
너희들이 믿지 말라고 그럴 때마다

내 귀에는 환청이 들린다.

"나를 한 번만 믿어 주세요."
"저희를 진짜 믿어 주세요."

너희는 너희가 가짜라며,
제발 믿지 말라고 말하지만
내 눈에는 진짜가 보이나 봐.

어쩌니?
쌤은 너희만큼 진짜를 본 적이 없는데.
너만큼 믿고 싶은 사람을 본 적이 없는데.

난 널 믿을 거야.
난 너희를 믿을래.
누가 뭐래도 넌,
누가 뭐래도 너희는
진짜니까.

그 녀석의 웃음

페이스북을 통해 걸려온 전화.
받자마자, 들려오는 쉬키루의 음성.

"작가님! 꼭 또 와야 해요!"
"알았어. 꼭 갈게."
"꼭이요!"
"응, 작가님 거짓말 안 해. 걱정마."
"네, 꼭꼭꼭이에요!!"

그리고 전화가 뚝 끊겨 버렸어.
휴대폰이 끊겨, 공기계로 와이파이가 되는 곳에서만
페이스북을 한다는 쉬키.

강의 후에 페이스북을 알려 달래서
친구 신청을 해 주었더니,
"페이스북으로 연락해도 되죠? 많이 말고요.
가끔 적당히 할게요"라고 했던 녀석.

'그동안 얼마나 많은 제재가
이 녀석의 삶에 존재했기에
스스로, 적당히 해야 된다고 말한 걸까?'
이런 생각이 들어 가슴이 찡했던 기억이 났다.

꼭 가야지.
꼭꼭 또 가야지.

녀석의 음성이 귓가를 지키고 서서 잠을 내쫓아 버리더라.

얼마 후, 나는 그 쉬키가 있는 보육원을 찾아갔지.
그날, 나를 마중 나왔던 그 녀석의 웃음.
나는 아마 영원히 잊지 못할 거 같다.

그 웃음에서 나는
이 길을 계속 걸어가야 할 이유를 발견했으니까.

아주 많이 고맙다, 그렇게 웃어 줘서.

어른의 말, 그 총알에 맞은 쉬키에게

그 어른의 말을 듣고 와서
네가 지금 이렇게 부들부들 떠는 것, 두 가지 이유잖아.

네가 들은 걸 그대로 할 수 없는데
그대로 해야 한다는 압박과 너도 나중에 어른이 되면
똑같은 일을 반복할지도 모른다는 두려움.

잘 들어. 지금부터 쌤은 그것에 대해 설명할 거야.

그래, 그분의 말처럼 어른들의 말을 잘 들어야지.
그게 동방예의지국에 사는 우리의 기본이야.
네 가슴에 불이 붙을 때도 우선 들어야 해.
그게 어른들에 대한 예의니까.

그런데 듣기만 하면 돼.
아, 그렇게 생각하실 수도 있구나.
아, 어른이 되면 그런 생각도 할 수 있겠구나.
그렇게 생각하며 본받을 점은 본받되

그대로 따라가려다 미쳐 버리지는 마.

너의 예의는 듣는 것.
그리고 본받을 점을 골라내
네 삶에 조미료로 얹는 것. 거기까지야.
잘 들어! 조미료라고!
주재료가 아니라
그저 맛을 돋우어 주는 정도로 사용하는 거야.
그리고 네가 어른이 되었을 때
그와 같은 말로 상처를 주지 않으면 돼.

쌤이 아는 누군가는
군대에서 선임에게 고통을 받고
자신이 선임이 되었을 때
후임들에게 똑같은 고통을 주었어.
똑같은 고통을 받은 누군가는
선임이 되었을 때
후임들을 자신처럼 고통받지 않게 하려고

그동안의 룰을 바꾸며 배려했지.

그러니까 넌 나중에 후자가 돼.
그러면 되는 거야.
그러니까 울고 싶은 만큼 울고 상처는 받지 마.

준다고 다 받냐?
그 어른이 상처를 줬어도 네가 안 받으면 그만이야.
쌤이 그 상처보다 이만 개 더 많은 사랑을 줄 테니까
그딴 거 받지 마.

울어. 눈물도 때론 방패가 되니까,
총알처럼 날아오는 상처를 잘 막아 줄 거야.

울어. 다 울고 나서 엄청 맛있는 밥 먹자.

울어. 울고 싶은 만큼 울어도 괜찮은 거야.

하늘이 구멍난 거 같다고?

쌤이 얼마 전에 말이야,
바닥에 휴대폰을 떨어뜨려서 주우려고 하는데
하늘에서 물이 뚝뚝 떨어지는 거야.

엥, 뭐지?
혹시나 하늘을 봤더니 맑기만 한데 무슨 일이지?
이상하다 하면서 조금 더 가다가 신발끈을 매려고
다시 몸을 구부렸더니 또 물이 뚝뚝 떨어지는 거야.

엥?? 뭐지?
잠깐 고민하다가, 아!! 알아내고 말았어.
내가 메고 있던 배낭에 물병을 꽂아 두었는데
물병 뚜껑을 잘못 닫아서, 물이 뚝뚝…….

흐흐, 그랬던 거야. 하늘이 구멍난 거 같다고 했지?
그래, 그런 느낌과 마음, 충분히 이해해.

그런데 하늘을 올려다보지도 않고 그렇게 얘기하면
안 되는 거잖아. 아직 너의 하늘은 맑고 화창한데!
잠시 네가 고개를 푹 숙였을 때 물이 떨어진 게 아닐까?
물병을 잘못 닫은 정도의 실수가 아닐까?

하늘은 구멍나지 않거든.
그래, 삶이 가끔 구멍나긴 하지. 그런데 그게 뭐 어때?
물병 안의 물이 다 쏟아진 게 아니라 그저 몇 방울,
뚝뚝 떨어진 건데.

고개 들고 어디서 샌 건지 찾아서 다시 뚜껑을 꽉 닫자.
그러면 돼.
나는 얼른 물병을 꺼내서 뚜껑을 꽉 닫았어.
아무 이상 없었어.
아직 물이 아주 충분하게 남아 있더라고.

고통 속에서 걸어도

쉬키들아,
지금은 잘 모르겠지만, 고통 속에서 걸어도 길이 난다.
지금부터 걸어도 늦지 않아.

모두 너에게 손가락질하는 거 같지만,
각자 관심 있는 걸 가리키고 있을 뿐이야.
그렇게 보면 그렇게 보이지만,
이렇게 생각하면 이만큼 자신이 생기지.

사람들은 남의 일을 말하기 좋아할 뿐
생각보다 남의 일에 관심이 없어.
손가락질하는 것 같은 손을 자세히 보면
각자 자기 손을 잡아 달라고 손을 뻗고 있는 경우가 많아.

시선에 매이지 않고 걸어도 돼.
고통 속에서는 제자리 걸음만 해도 길이 난다.
그 길이 나에게 '와일드 카드'였고 누군가에게 '시즌 2'였어.
너에겐 눈부신 시작이 될 거야.

이해하기 싫으면 하지 마

너, 세상에 혼자 남은 거 같은 기분을 얘기하는 거지?
그래. 그런 적 있지, 쌤도.

진짜 지나가지 않을 것 같은 시간이었지.
지금도, 내가 그 시간을 지나왔다는 게 믿기지 않을 정도인걸?

그런데 지금 생각해 보면 말이야.
그때 난 혼자가 아니었어. 내가 웅크리고 있었을 뿐이지.

내 사람들이 등을 돌린 게 아니라, 모두 떠난 것은 더더욱 아니라, 내가 쏟아져 나오는 눈물을 들키기 싫어서 갑자기 주저앉아 몸을 웅크리고 고개를 들지 않았거든.

그러니 주위에 내 사람들이 그대로 있어도 보일 리 있나.
내 눈에 보이는 건 내 무릎 아래, 눈물 먹은 바닥뿐이었지.

너도 지금 그런 거야.
하지만 고개를 들어 보면 알 거야.
다리가 저릴 테니까 코에 침 바르고 천천히 일어나 봐.

네 어깨를 붙잡고 부축해 주는 사람들, 너와 함께 울어 눈이 퉁퉁 부은 사람들, 널 위해 기도하며 응원하는 사람들이 여전히 네 주위에 그대로 있을 거야.

아, 네가 두려운 게 하나 있지?
널 사랑하는 사람들 뒤로 널 속상하게 한 그 이유들이 여전히 널 지켜보고 있을 거라는 거지?

그래, 절대 영원히 이해할 수 없을 것 같은 너무 밉고 너무 싫은 그 이유들이 그대로 있는 게 너무 힘들 수밖에.
이해하고 싶은데 이해가 되지 않으니 얼마나 속상하겠어.

그런데 말이야, 너, 사람이잖아.
사람은 모든 걸 이해할 수 없어.

그러니까 지금 절대 이해할 수 없는 한 가지가 생긴 건 당연한 거야.

이해하기 싫으면 이해하지 마.
그게 뭐 어때서?

괜찮아, 두려워하지 마.
이빨에 고춧가루 낄까 봐 떡볶이 안 먹을래?
아니잖아!

ㅎㅎ 이제야 고개를 드는구나.
이제 알겠지?

넌 단 한 번도 혼자인 적이 없었던 거야.
이해하기 싫은 건 그대로 내버려둬도 괜찮은 거야.

어느 아침 강의에서

진짜 자살각일 때 많지?
그냥 이런 인생 접어 버릴까, 싶을 때가 있지.

그런데 그거 알아?
그런 상황에 있으면 자기 혼자만 그런 거 같아
미칠 것처럼 힘든데, 주위를 둘러보면 다 그 정도쯤은
자살각이고 다들 몇 번은 그렇게 힘든 거.

어른들은 안 그런 거 같다고?
아니야, 그들도 속은 다 멍이 들었는걸.
그냥 멀쩡한 척할 뿐이야. 그래야 너희들이 힘을
얻는다고 생각하고 아무렇지도 않은 척하는 거야.

어른들 속에도 자살각이었던 10대가 있고, 지금도
그만큼 힘들 때가 많아. 그런데 자신들이 잘 버텨 주어야
너희가 기댈 수 있을 테니까 다시 일어나 걷고 있는 거야.

그냥 지나쳐 보자. 다 접어 버리고 싶은 순간을

지나치면 정말 예상할 수도 없었던 순간에
정말 상상할 수도 없었던 꽃이 피어나.

그 꽃이 얼마나 예쁜지,
그 꽃을 보고 서 있으면 자살각의 고통이
언제 있었는지 잘 떠오르지도 않게 돼.

그 꽃이 얼마나 향기로운지,
그 향기를 마음에 담고 있으면 이미 네 맘을
차지하고 있던 눈물은 저절로 떠나가게 돼.

절대 그럴 수 없을 거라는 생각이 함정이야.
함정에 빠지지 마.
꼭 그럴 거야.

우리 함께 그 꽃을 기대하며 가자고, 이 아침에,
이렇게 졸린 시간에, 작가님이 너희를 붙잡고 있는 거야.
분명히 너희 앞에 준비된 그 꽃을 너희와 함께 보고 싶어.

그저 돌아서 갈 뿐이야

쉬키들아, 사람들은 너희에게 늦었다고 하지만 쌤은 그렇게 생각하지 않아. 그저 너희는 조금 돌아서 갈 뿐이야. 괜찮아, 쌤도 참 오래 돌아왔거든. 잊지 마, 너희는 도착하지 못하는 게 아니라 그저 돌아가는 거야.

지금 뒤돌아보면 말이야. 쌤이 돌고 돌아서 오는 동안에 참 많은 선물들이 주어졌더라. 물론 그중에 최고는 너희들이지.

어때? 빨리 도착하지 않아도 괜찮지? 그래, 정말 괜찮다니까. 그러니까 다시 힘내서 걸어 보자. 응?

아버지가 밉다는 쉬키에게

아버지를 미워해 본 적이 있냐고?
그 질문에 웃어 버려서 미안해.
하지만 네 질문이 웃겨서 그런 건 절대 아니야.
쌤이 너무 찔려서 그런 거야.

쌤은, 아버지를,
미워해 본 적이 있는 게 아니라,
진짜 많이 미워했어.

그래서 네 마음이 느껴져.
왜 아버지는 그렇게 술을 드시는지,
왜 아버지는 그렇게 말하는지,
왜 아버지는 그렇게 행동하는지,
왜 너희 아버지만 그런 거 같은지,
다 모르겠고 다 싫고 그렇지?

쌤도 그랬어.
그래서 네가 우는 것도,

화내는 것도 너무 당연하다고 생각해.

아! 쌤, 이번에 여행 다녀왔잖아.
그 얘기 좀 들어 볼래?
쌩뚱맞다고? 나도 알아.
그런데 네가 이해해야지.
네 쌤이지, 내 쌤이냐? ㅋㅋ

이번 여행, 아버지랑 함께 갔어.
부산에 강의 간다니까,
아버지가 지나가는 말로 그러시더라.
부산에 가 본 지 오래되었다고.
그 말이 왠지 마음을 울려서 함께 가기로 했어.

이젠 안 밉냐고? 아니, 그렇지 않아.
문득문득 지금의 너처럼
아버지 때문에 울고불고했던 기억이 나는데다,
지금도 아버지의 막무가내 성격 때문에

힘들 때가 많거든.

아버지가 연세가 드셔서
많이 약해지긴 하셨지만,
그래도 여전히 그렇게 말하고 행동하시거든.
게다가 세상의 술을 다 드실 것만 같은 모습도
여전하시거든.

그러니 당연히 미울 수밖에.

그런데 말이야.
이번에 알게 된 사실인데 말이야,
여전한 게 그것뿐이 아니더라.

아버지랑 밥을 먹는데
여전히 내 밥그릇에 생선을 발라 놔 주시더라.
아버지랑 길을 걷는데 내가 넘어질까 봐
여전히 주의를 주시더라.

아버지가 여전히 아침에 먼저 일어나서
내가 깰까 봐 조심하며 다니시더라.

몰랐는데,
옛날에는 그저 미워하기만 하느라
절대 알 수 없었는데,
그 미움이란 껍질 안에 사랑이란 알맹이가
감추어져 있었는지도, 모르겠더라고.

그런 거 있잖아.
나이들면 깨달아지는 거.

그런 거 있잖아.
내 쉬키들은 나보다는
좀 더 일찍 깨달았으면 좋겠는 거.

그냥 그런 게 있더라고.

안 괜찮아도 괜찮아

내가 물을 마시는 횟수만큼 많이 하는 말은
"괜찮아"야.

본드 중독이어도 괜찮아.
술 못 끊어도 괜찮아.
엄마가 널 버렸어도 괜찮아.
아무도 없어도 괜찮아.

그럴 때마다 되돌아오는 말이
"네, 괜찮아요"이기를 바라게 돼.
하지만 실제로는 반대의 말이 돌아오지.

본드 못 끊겠어요. 안 괜찮아요.
술 없음 못 살아요. 안 괜찮아요.
난 버려졌으니 쓰레기예요. 안 괜찮아요.
혼자는 넘 무섭잖아요. 어떻게 괜찮을 수가 있죠?

나는 가슴이 찢어지는 그 소리를 들으며 말해.

곧 괜찮아질 거야. 꼭 괜찮아질 거야.

그런데 오늘 알았어. 그게 맞아. 너희가 맞아.
내가 아무리 괜찮다고 해도
안 괜찮은 아이는 안 괜찮다고 하는 게 맞아.

안 괜찮은 아이가 괜찮다면 그건 가짜잖아.
그럼 너희에게 자꾸 강요만 하는 세상과
내가 다를 게 없잖아.

오늘 만난 꽃 같은 아이가 말했어.
"괜찮아요. 아이는 낳자마자 입양 보내면 되고요,
이제 안 그럴게요, 괜찮아요."

내가 정말 듣고 싶었던,
괜찮다는 그 말을 듣고야 말았던 거야.
그런데 듣자마자 곧 깨달았던 거야.
안 괜찮을 때는 안 괜찮다고 말할 수 있어야

진짜 괜찮은 거라는 사실을.

꽃이 웃었어.
활짝 웃어 보이고 싶은데 잘 되지 않는지
힘들게 입꼬리를 올리는 꽃을 보고 있으니
마음이 아파서 미치겠더라.

일부러, 억지로 더 밝게 웃으려는 꽃을 보니까
오늘은 내가 참, 안 괜찮더라.

쉬키들아, 안 괜찮아도 괜찮아.
안 괜찮은 걸 지나고 나면
괜찮은 게 뭔지 알게 되겠지.
진짜 괜찮음을 만나게 될 거야.

그러니까 안 괜찮아도 괜찮은 거야.

쉬키들아, 미안해 * * *

소년재판 참관을 하고 왔어.
아침부터 오후 늦게까지
죄명을 받은 아이들이 줄을 잇더라.

그 모습을 보며 울면서도 내 울음이 참 비겁해서
이를 앙당그리고 눈물을 참았어.

한 번도 사랑받지 못한 아이가
집으로 돌아가 부모를 사랑해 보겠다고 하고,
한 번도 아들을 안아 보지 못했던 엄마가
처음으로 아들을 안았어.

사랑한다 말하며
그 사랑에 복받치는 아이가 있었고,
사랑한다 말하지만
사랑이 뭔지 모르겠다는 아이가 있었어.

누굴 탓할 수 있을까?

시간이 지나면 지날수록
아무리 생각해도 너희 잘못은 아닌걸.

쉬키들아, 미안해.
너희에게 안 된다고 하고 무조건 상처를 주고
겉모습만 보고 판단해서, 미안해.

모든 어른들을 대신해, 이 세상을 대신해,
내가 사과할게.
내가 얼마나
이 진심의 사과를 더 할 수 있을지 모르지만,
더 열심히 사과하고 싶어졌어.

쉬키들아,
정말 너희 잘못이 아니야.
우리가 생각보다 정말 많이 잘못했다는 걸 알았어.

정말 미안해.

니가 웃었으면 좋겠어 2

공깃밥 위에 돈까스 한 조각. 나에게 그것은 사랑의 심장을 다시 뛰게 하는 심폐소생술 같은 거였는데, 무뎌진 나를 다시 숨쉬게 하는 인공호흡기 같은 거였는데, 그걸 모르겠다면 더 이상 설명할 자신이 없어. 효과는 상관없으니까. 아이들만 살면 되니까.

한 녀석이 있어. 이 녀석, 한참 동안 별로 말도 없고 반응도 없었어. 이 녀석과 밥을 먹으면 함께 먹고 있다는 느낌이 달아나곤 했지. 나를 쳐다보지도 않고 그냥 밥만 열심히 먹는 녀석이거든. 이 녀석과 만날 때면 도대체 무슨 말을 해야 하는 건지 몰라서 식은땀이 줄줄 흘렀어.

사람들은 말이야. 내가 청소년들을 많이 만나니 무슨 대화의 기술이 있는지 알아. 그런데 아니야. 쥐뿔도 없어. 아무렇지도 않은 척하지만, 도대체 무슨 말을 해야 할지 모르겠어서 진땀이 날 때가 한두 번이 아니야. 앞에 앉은 아이를 열심히 관찰하며 뇌를 열심히 굴려도 아무 답이 없을 때도 많아. 툭 말을 걸고는, 진짜 유치한 말을 해서 후회한 적도 있어.

나도 모르게 길게 말하고는 내가 무슨 말을 하는지 모르겠다고 생각했던 때도 많아. 특히 이 녀석처럼 내 말을 진공청소기처럼 빨아들이고, 그러고 나서 아무것도 뱉어 내지 않으면 머리가 돌아 버리는 거 같다니까. 그래도 어떡해. 그래도 예쁜걸. 그래도 어떻게든 손잡고 함께 울고 함께 웃고 싶은걸. 아무리 봐도 내가 제정신은 아닌 거 같아.

그래도 나도 사람이라서 말이야. 지칠 때도 있고, 이제는 진짜 더 이상 못하겠다 싶을 때도 많아. 특히 이 녀석처럼 스무 번쯤 밥을 먹어도 그저 밥만 먹는 거 같으면 더욱 그런 생각이 들지. 그래도 포기하지는 않아. 이 정도로 포기했으면 내가 '무적의 써나쌤'이 아니지.

얼마 전에 이 녀석한테 전화를 걸었어. 문득 시간이 나면 쉬키들에게 전화를 걸곤 하거든.
"뭐해?"
"피시방이요."
"지하에서 탈출해. 밥 먹자!"

쉬키들은 이렇게 짧은 대화를 마치고 보통 튀어나와. 전화 한 통에 잽싸게 튀어나오는 쉬키들을 보면 그저 고맙고 사랑스럽고 좋고 행복해.

나는 쉬키들과 만나면 보통 밥을 먹어. 아니, 보통 치킨을 먹고, 간혹 고기를 먹고, 자주 밥을 먹어. 그 녀석하고는 밥을 먹었지. 그런데 그날 말이야. 엄청나게 감동적인 일이 있었어. 나에게는 기적과도 같은 일.

항상 밥을 같이 먹으면 허겁지겁 자기 밥만 먹기 바빴던 그 녀석이 말이야. 내 공깃밥 위에 돈까스 한 조각을 놓아 주는 거야. 그 녀석은 돈까스를 주문하고, 나는 국밥을 주문했거든. 그런데 자기가 먹기도 전에 나한테 먼저 돈까스를 준 거야. 얼마나 감동이 밀려오는지, 하마터면 눈물이 왈칵 쏟아질 뻔했지.

"우와!"
나는 내 공깃밥 위에 올려진 돈까스 한 조각을 한참 동안 보다가, 너무 예뻐서 사진을 찍었어. 그리고 집에 가서도 그 사진을 보며 히죽거렸지. 지금도 힘이 들 때면 가끔 그 사진을 찾아서 봐. 그러면 힘이 불끈 솟아나.

가끔 어떤 사람들은 말이야. 청소년들에게 밥을 사는 게 무슨 효과가 있냐고 물어. "효과? 없을 수도 있지요." 이렇게 답하면, "효과도 없는데 왜 밥을 사요?" 이런 질문이 돌아와. 진짜 이럴 땐 답답해.

밥을 사는 게 효과를 바라고 하는 게 아니잖아. 그냥 밥이지. 그런데, 밥 먹으며 나누는 이야기에 사랑이 싹트기도 하고, 사랑이 전해지기도 하고, 사랑을 발견하기도 하는 거잖아. **효과를 바라고 하는 게 절대 아니야.**

하지만 문득 그 돈까스 한 조각처럼 행복한 일이 생겨. 효과라기보다는 변화라고 말할 수 있는 일이지. 누군가는 겨우 돈까스 한 조각이 뭐냐고 물을 수도 있을 거야. 나에게 효과에 대해 물었던 사람은 돈까스 한 조각의 감동이 무슨 효과냐고 물을 수도 있겠지. 그렇다면 나도 더 이상 할 말이 없어.

그런데 나는 말이야. 처음부터 효과를 생각한 적은 없어. 효과를 보고 하는 게 아니라 쉬키들을 보고 하는 거니까. 적어도 돈보다는 훨씬 중요한 내 쉬키들이니까. 나는 말이야. 쉬키들이 '문제'나 '과제'는 아니라고 생각해. 그 어떤 프로그램도 아니지. 그러니까 애초에 효과라는 말이 따라붙을 수도 없는 거야.

공깃밥 위에 돈까스 한 조각.

아니 뭐….

나에게 그것은 사랑의 심장을 다시 뛰게 하는 심폐소생술 같은 거였는데, 무뎌진 나를 다시 숨쉬게 하는 인공호흡기 같은 거였는데, 그걸 모르겠다면 더 이상 설명할 자신이 없어.

효과는 상관없으니까. 쉬키들만 살면 되니까. 돈까스 한 조각을 내어 준 내 쉬키가 웃었으면 좋겠어. 그리고 너희들 모두 웃었으면 좋겠어.

삶과 꿈을 부탁할게

아픔도 사랑도 '미리'는 없어.
'미리'가 있다고 해도 그것만 보고 있으면
'지금'이 너무 불쌍하잖아.
기쁨도 고통도 지금 오는 걸 맞이하고 감당하는 거야.
괜찮으면 웃고 괜찮지 않으면 울고
노래하고 싶으면 노래하고
사랑이 오면 사랑이라고 말해야지.
넌 충분히 잘하고 있어.

너희만의 길

요즘 유명한 길 많잖아.
예능 프로그램에서 누가 갔다 하면 다들 몰려가잖아.

좋아, 그런 것도 좋은데,
나는 누가 가서 너희들이 가는 길이 아니라,
그냥 너희들이 먼저 간 길이 있었으면 좋겠다.

건호가 간 길이래.
      주역이가 간 길이래.
           두현이가 간 길이래.
               경후가 간 길이래.
                    상원이가 간 길이래.
            상철이가 간 길이래.
         지은이가 간 길이래.
     영운이가 간 길이래.
은별이가 간 길이래.
      창민이가 간 길이래.

현우가 간 길이래.
현형이가 간 길이래.
예나가 간 길이래.
영훈이가 간 길이래.
재형이가 간 길이래.
명준이가 간 길이래.

쌤이 이렇게 말하면서
너희 후배들을 데리고 걸을 수 있었으면 좋겠다.

연예인이 지나갔던 길 말고
예능 프로그램에서 촬영했던 길 말고
너희가 간 길을 보고 싶다.

열심히 너희만의 길을 걷는
그 뒷모습을 보고 싶다,
쌤은.

손 잡고 이루는 천국

오늘 누군가 물었어.
청소년들을 도울 일이 많으니
항상 돈을 많이 벌고 싶겠다고.

나는 대답했지. 이상하게 그렇지 않다고.
나 혼자서 할 수 없는 것이 너무 큰 행복이라고.
매일 기적을 볼 수 있는 기회라고.

오늘도 그랬어.
미혼모 녀석 사연에 함께 우는 마음으로
많은 분들이 사랑을 보내 주셨거든.
이전에도 그랬어.
너희들을 도울 일이 있을 때면
진심으로 합체해 준 사람들이 있었어.

나는 때마다 기적을 보았지.
쉬키들아, 함께함이 기쁨이야.
얼른 성공해서, 얼른 돈을 많이 벌어서,

혼자서 다 하고 싶지?
그런데 말이야.
혼자서 다 하는 기쁨보다 손을 잡고 힘을 합쳐
함께 하나씩 해 나가는 기쁨이 훨씬 크다는 거 모르지?

쌤은 너희가 그 기쁨을 알고 누릴 수 있었으면 좋겠어.
혼자서 높은 산을 오르는 것보다
함께 낮은 언덕을 오르는 일이 많았으면 좋겠어.

우리가 이 땅과 작별하고 가는 천국 말고,
이 땅에서 손잡고 이룰 수 있는 천국이 있거든.
그걸 너희가 알았으면 좋겠어.

그래서 쌤이 너희의 손을 이렇게 꼭 잡고 있는 거야.
너희도 꼭 잡아야 해.
그럼 알 수 있을 거야.
우리가 손잡고 이루는 천국,
바로 여기라는 걸.

숨쉬고 있어 줘

너희에게 치킨을 먹이기 전,
이전에 강의를 주최했던 '자살예방 행동'이라는
곳에서 강의료가 입금되었다.
타이밍이 딱 맞다!
너희에게 치킨은 '자살예방 행동'이니까.
치킨집에서 두 시간,
거리를 떠돌던 너희와 너희의 친구들,
그러니까 예비 내 쉬키들까지 더불어
함께 '자살예방 행동'을 했다.
문득 너희를 보고 있는데, 가슴이 뭉클해진다.
너희가 숨쉬고 있는 것이 그저 고맙다.
꼭 숨쉬고 있어 주라, 이렇게.

꿈꾸다 지친 너에게 ♪♫

당연한 거 같아.
세상은 고딩에게 오직 입시를 향해
뒤돌아보지 말고 달리라고 말하니까
입시를 위한 일을 제외하고는
모두 쓸데없는 일로 여겨지는 건 당연하지.
네 잘못이 아니야.

그런데 말이야.
쌤은 너에게 스킬을 가르쳐 줄 만한 전문가도 아니고
이론을 가르쳐 줄 만한 박사도 아니지만
말해 주고 싶어.

입시 이후에도 노래할 너라면
입시 때문에 다른 소중한 것들을 놓치지 않았으면 좋겠어.

사람의 이야기와 관계의 진심은 말이야,
시간을 많이 투자해야 하지만
시간보다 값질 때가 많거든.

네가 생각하지 못하는 순간에
네 안에 사람과 진심이 쌓이고
사람을 배려하고 이해하려는 노력이 없어지면
스킬을 배울 시간은 빼앗길지 몰라도
네가 노래할 수 있는 삶은 점점 깊어지는 거야.

쌤은 말이야,
네 노래가 입에서 나오는 게 아니라
마음, 그 깊은 곳에서 나왔으면 좋겠어.
그럼 그때부터 노래는 울림이 되거든.

네 노래가 많은 사람들에게 들려지는 날,
그 사람들이 네 입을 통해 듣고 싶은 게
고작 '어느 대학'일까?
혹은 '어떤 발성법'일까? 또는 '등급이나 순위'일까?

아마 아닐 거야.
사람들이 바쁜 일상 속에서도 무대를 찾는 건

무대 위에 서 있는 사람의 스펙이나 스킬보다는
스펙이나 스킬에 찌든 일상을 벗어나고 싶어서일 거야.

사람들은 마음속에서 뿜어져 나오는 울림을
항상 그리워하고 쉽게 잊지 못하거든.

사람을 노래하고 사람을 위로하고
사람을 자유롭게 하고 사람을 쉬게 하는
네가 되었으면 좋겠다.

쉬키야,
우리는 사람 속에서 살아.

입시를 위해 달리다가
네 뒤에서 울고 있는 친구를,
네 옆에 넘어져 있는 후배를 지나치지 마.

우리는 끝까지 사람 속에서 살아야 해.

사랑한다,
쌤은 내 시간을 반납하더라도
너의 이야기를 듣는 시간이 행복해.

우리,
독백보다는 대사 같은,
읊조림보다는 낭송 같은 예술을 하자.

쌤도 내 유명을 위해 달리다가
내 뒤에 쓰러져 있는 너를,
내 옆에서 날 기다리는 쉬키들을 지나치지 않을게.

쌤이 먼저 그럴게.
잘 보고 그렇게 같이 살아 줘.

사랑한다, 내 쉬키.

너희가 너희를 아프게 하지 마 ㅠ.ㅠ

쉬키들아,
너희가 너희를 아프게 했다는 뉴스를 들었어.
하루 종일 마음이 먹먹하더라.
쌤은 무조건 너희들 편이지만 이런 일은 있으면 안 돼.
한 사람을 사람답지 않게 대하는 건,
한 사람의 삶을 짓밟아 놓는 건,
죽어도 해서는 안 되는 일이야. 벌레만도 못한 일이야.
부탁해.
담배 피우고, 싸우고, 물건을 부수고, 무면허 운전을 하고, 집을 나오고……. 모든 일, 다 이해되고 아팠어.
하지만, 여성을 성적으로 유린하거나,
한 친구를 지속적으로 괴롭히는 일이 일어난다면
이렇게 너희가 너희를 아프게 한다면,
쌤도 이해 못할 거 같아.
그게 두려워.
그러지 마. 경찰서에서 너흴 만나도 당당했던 쌤에게
이런 벌은 내리지 마.
진짜 부탁해. 누가 뭐래도 난 너흴 믿어.

함께 가자

쉬키들아,
함께 가자.
갈대밭이 예쁜 건
다 함께
흔들리기 때문이야.

너희가 꿈이야

오늘 내 쉬키에게 초간지 이미지 사진을 받았어.
무지막지한 쉬키들 열여덟 명이 들어 있는 사진이었지.

사진 속에 내 쉬키는 다섯,
금방 내 쉬키가 될 것 같은 녀석을 포함하면 여섯!

하지만 사진을 본 순간,
다 내 쉬키였음 좋겠다는 생각이 쏙 들어오는 거야.
내가 원래 욕심쟁이거든.

"다 내 쉬키였음 좋겠다."
내가 말하니까 쉬키들이 난리를 쳤어.
"쌤, 다 품을 수 있겠어요?"
"여기 진짜 엄청난 녀석들도 있어요!"
"정신 차려요, 쌤!"

자꾸 웃음이 났어. 왜인지 알아?
자기들은 참 괜찮다고 생각하는 거잖아.

자기들은 엄청나지 않다는 거잖아.
내가 보기엔 다 똑같은데 ㅎㅎ
아무튼 욕심내 보려고!

이 녀석들 다 함께 예배드리면서
내가 조건 없이 자기들을 사랑하는 건
나를 조건 없이 사랑해 주는
아버지의 사랑 때문이라는 걸 알게 되는 날이 오기를.

오늘도 또 하나,
이렇게 꿈의 목록에 꿈 하나가 추가되었어.

우리 같이 꿈꾸며 살자.

엄청난 청소년 쉬키들!!
너희들은 나의,
아니, 이 세상의,
아니, 너희를 만드신 분의, 꿈이니까.

참 예쁜 삼단우산

갑자기 폭우가 쏟아졌어.
나는 마트로 들어가 우산을 사서 나왔지.

내 앞으로 여고생 둘이
손을 붙잡고 비를 맞으며 뛰어갔어.

우산을 주고 싶다는 생각을 하다가 문득,
주지 않아도 되겠다는 생각이 들더라.

해맑은 웃음
꼭 붙잡은 손
나란히 한 어깨

참 예쁜 삼단 우산을 이미 쓰고 있잖아.

그 우산 잃지 말았으면 좋겠다고,
그 녀석들의 뒷모습을 보며 기도했어.

아픔을 예상하고 있는 쉬키루에게

쌤 승용차 알지? BMW(bus, metro, walk)!!
그 중에서 M을 주로 이용하는데 말이야, 그게 제일 맘이 편했는데 요즘은 참 별루야.

전철을 탈 때, 개찰구를 통과하기도 전에 스크린에서 몇 분 후에 도착하는지 알려 주는 게 싫어졌어. 오히려 편해지지 않았냐고? 아니, 오히려 불안하고 급해져.

전철이 2분 전이라고 뜨면 막 뛰게 되고, 금방 놓치면 아까워 죽겠고, 조금 많이 기다려야 하면 시간이 너무 안 가서 짜증나.

미리 알고 있으면 무지 편할 거라 생각하고 그런 시스템들을 갖춘 건데 더 급해지고 불안해지고 짜증나. 참 웃기지? 쌤은 좀 느리게 살았거든. 여유 있게 가서 천천히 걷고 차질 없이 도착하는 지하철에 감사하는 사람이었는데 말이야. 너무 미리 알고부터는 그게 잘 안 돼. 참 별루야.

쉬키루야,
너의 이야기를 들어보니 넌 미리 예상할 수 있다면 지금의 '좋음'을 멈추든 조절하든 뭔가 적당히, 더 잘할 수 있다고 생각하고 자꾸 예상하잖아. 그런데 미리 알면 그럴 수 있을까?

어떤 연인이 헤어질 날짜가 정해져 있다고 생각해 봐. 딱 100일 후에 헤어지는 거야. 그럼 그 100일은 자신들만 생각하며 사랑할 수 있을까? 아니, 오히려 더 불안할걸.

어차피 100일 후에 헤어지니까 어떻게든 사랑을 조절해 보려고 오늘은 만나지 말자, 하다가 그럼 정해진 날에서 하루가 줄어드는 건데, 아니다 만나자 하다가 만날 때도 막

좋았다가, 이렇게 좋아하면 더 힘들 거야, 하고 표현도 잘 못하다가…… 갈피를 못 잡고 갈팡질팡할 거야.

네가 쓴 몇 가지 '예상 시나리오'가 다 맞는다고 하면 넌 좋을까? 그럼 지금 네 꿈도 삶도 사랑도 적당히, 잘 조절할 수 있겠어? 그리고 적당히 조절한다면 그건 정말 잘한 걸까? 어느 것도 답은 아닐 거야.

답은,
넌 지금 충분히 네 삶에 최선을 다하며 참 잘하고 있다는 거야.

그러니까 그건 그때 가서 생각해. 네 행복 속에 끼어드는 불행들을 뽑아내기도 짜증나는데 짧게는 며칠 후 길게는 몇 년 후의 불행까지 예상하는 건 참 별루야.

작가도 아닌데 무슨 시나리오를 몇 날 며칠 주구장창 쓰고 그래. 영화 올릴 것도 아닌데 뭐 예상 시나리오까지

쓰면서 미리 아파하고 그래. 아픔도 사랑도 '미리'는 없어. '미리'가 있다고 해도 그것만 보고 있으면 '지금'이 너무 불쌍하잖아.

기쁨도 고통도 지금 오는 걸 맞이하고 감당하는 거야. 괜찮으면 웃고 괜찮지 않으면 울고 노래하고 싶으면 노래하고 사랑이 오면 사랑이라고 말해야지.

넌 충분히 잘하고 있어.
그러니까 놓쳤다고 아쉬워하지 말고 이따가 온다고 조바심내지 말고 지금 도착한 전철을 타.

금방 전철이 지나갔다 해도 그걸 다시 잡아서 탈 수는 없잖아.

다음 전철이 온다는 걸 미리 알았다고 해도 네가 타고 있는 건 지금 도착한 그 전철이잖아.

그 문제에 대해 질문했던 크리스천 쉬키들에게

우선 너희들에게 사과하고 싶어.

언제나 무슨 화제가 떠오르면
너희들에게 설명 한마디 없이 어른들끼리
서로의 의견을 들고 싸우느라고 바쁘지.

그 모습을 너희들에게 보이는 것만으로도
참 많이 미안해.
그러면서도 어떻게 말해 줘야 할까,
쌤도 고민이 많았어.
늦어서 미안해.

쌤은 말이야,
그게 죄는 맞다고 생각해.
무엇보다 성경에 나와 있으니까.

하지만 쌤은 내 죄도
그들과 다르지 않을 만큼 붉다고 생각해.

다 같은 죄인인데
그들이 지금 주목받는 죄인일 뿐이라고.

성경에서 말하는 죄의 목록 중에 속하는 죄를
그들이 짓고 있지만 나도 그 목록 중에
속하는 죄를 짓고 있는 사람이니까.

목록 중에 하나이지,
우리가 생각하기에 크고 짙은 목록이 하나라고,
그 죄를 지었다고,
그게 '모든 죄'로 둔갑할 수는 없는 거니까.

그들이 성경대로 살지 못하는 것이지만
나도 성경대로 살지는 못하고 있으니까.

무엇보다 죄를 죄라고 말하며
손가락질할 수 있는 자격이 우리에게 있을까?

우리는 그들을 위해 기도하며
주를 향해 나올 수 있도록 긍휼을 베풀어야 해.
방법의 지혜가 필요하겠지만 말이야.

회개시킨다고?
에이, 회개는 복음 안에서
그들이 깨닫고 스스로 하는 거지.
엄마가 "잘못했다고 말해!" 하면 억지로 "잘못했어요!"
하지만 그게 진정한 회개는 아닌 거잖아.

먼저 그들을 위해 기도하자.
그들을 만나면 복음을 전하고,
회개할 수 있기를 간절히 더 기도하자.

쌤은,
그들도 우리처럼 주 예수를 만난 기쁨이
지금 느끼는 기쁨과 비교할 수도 없이 크다는 걸
알게 되었으면 좋겠다.

너희들의 '처음'에 함께라서 행복해

한 달에 한 번 꾸준히 만나는 보육원의 쉬키들이 있어.

나는 그 쉬키들에게 처음 접하는 새로운 것을 많이 보여 주고 싶어서 매번 공연을 기획하고 사람들을 섭외해서 함께 가.

이번에는 가야금 연주자와 함께 갔지.
쉬키들이 가야금을 처음 보고 가야금 연주를 처음 들을 생각을 하니 가슴이 마구 뛰었어.

무대 리허설을 하는데 보육원의 마스코트인 꼬마 아이가 가야금 앞에서 한참을 있더라. "○○야, 가야금 처음 봐?" 물으니까 고개를 끄덕이더라.

나는 그때 내 진짜 마음을 알게 되었어.
나는 가야금을 들려주고 싶고, 보여 주고 싶은 줄 알았는데, 아니었어. 나는 쉬키들이 가야금과 마주하는 '처음'에 함께하고 싶었던 거야.
가슴이 뛰잖아. 사랑하는 쉬키들의 '처음'에 내가 함께 있다는 사실이······.

쉬키들에게 처음 접하는 새로운 것을 보여 주는 것보다 새로운 것을 처음 보는 쉬키들의 그 순간에 내가 함께 있다는 것이 정말 가슴 뭉클하고, 감사하고, 기뻤어.

나는 그 마음을 전하고 싶어서 쉬키들에게 말했어.

"너희들에게 올 때마다 정말 최고의 분들이 함께해 주셔. 무대 환경을 탓할 수도 있는데 아무것도 탓하지 않고, 아무것도 드리지 않는데, 많은 걸 받은 것처럼······.

무척 감사한 일이잖아.

그 감사가 너희들 마음속에 있었으면 좋겠어.
그 감사가 너희 맘속에서 사랑이 되고, 그 사랑도 흘려보
낼 수 있으면 좋겠어.

도와주려고 오는 거 아니야.
사람이 사람을 도울 수 있는 일은 생각보다 많지 않아.
그냥 함께하는 거야.
우리가 가슴 뛰는 '처음'에 함께 있는 거야.
우리 함께여서 행복하잖아.
작가님은, 매번 이렇게 행복해도 되나 싶을 정도로 행복
해. 너희도 같은 마음이면 좋겠어."

사실은 느껴졌어,
쉬키들도 나와 같은 마음이라는 것이…….
한 번이 두 번이 되고, 두 번이 열 번이 되면서 자연스럽
게 믿어지더라, 그 마음.
그래서 내가 아주 많이 고마워하고 있다는 걸, 쉬키들도
느끼고 있겠지?

"같이" 찬란하자 ♡♡

소년재판을 받은 여성 쉬키들이 가족을 이루어
살고 있는 곳에서 다섯 명의 이쁜 쉬키들과 잠을 잤어.

그곳의 쉬키들은 잠자기 전에 일기를 써야 하는데,
한 쉬키가 일기를 써서 보여 주었어.
"저녁밥을 먹고 노래방에 갔다가 『청소년 쉬키루들에게』
책을 쓰신 써나쌤과 같이 잠을 잘 거다."

핵감동!
이렇게 빛나는 쉬키의 일기에 내가 등장하다니 무한영광!
기분이 무척 좋아졌어.
그리고 일기를 다시 보는데
일기 속의 두 글자가 눈에 띄었어.

"같이"
이 두 글자가 이상하게 뭉클하더라.
"같이"
자꾸 소리 내어 읽게 되었어.

카톡 아이디부터 사랑방 주소까지
내 신상을 다 털린 후에, 잠자리에 누웠지.

그리고 또 한 번의 핵감동!
쉬키들이 『청소년 쉬키루들에게』를 읽고
인상 깊은 구절에 빨간 줄을 그어 놓은 걸 보았어.
그 빨간 줄이 왜 이리 감동인 걸까?

보잘것없는 글을 읽어 주고,
작은 위로를 마음에 담아 주니,
내가 걷는 길이 참 찬란하게 느껴졌어.

그리고 마음 깊이 바라게 되었지.
"같이" 찬란하고 싶다고.

쉬키들아, 우리 "같이" 찬란하자!

* 사랑방: 써나쌤이 청소년 쉬키들과 같이 울고 웃기 위해 마련한 작은 공간.

부탁해

쉬키루들아,
내 강의를 듣기 전에 꼭 하고 싶은 부탁이 있어.

다른 건 다 잃어버리고 와도 되는데 꼭 뇌는 가져와 줘. 강의실에 앉고 나서 생각이 나거든 외출증 끊어서 집에 다녀와. 집에 가기 전에 교실에 가 봐도 좋아. 간혹 사물함에 넣어 두기도 하잖아.

사람이 사람에게 얘기할 때 꼭 뇌를 들고 와야 소통이 가능하거든. 그런데 뇌를 두고 오는 쉬키들을 너무 많이 만나.

꼭 부탁해!
내 강의의 준비물은 너희들의 뇌! 그것뿐이야. ㅎㅎ

너희의 걸음을 기도해

작가님이라고 부르며 왔던 아이가
상담을 마치고 쌤이라고 부르며 돌아간다.

작가님과 쌤의 차이,
정확히는 모르겠지만 그저 반갑고 고맙다.

쌤은 선생의 준말.
녀석들의 용어다.

선생.
먼저 사는 사람.

내 걸음으로 새겨진 발자국에
포개어 걷는 아이들이 늘어나며
마음에 부담이 일어나지만
부담보다는 감사로, 또 한 걸음을 뗀다.

쉬키들아,

쌤이 함부로 살지 않는 건
맘대로 불거져 나가지 않는 건
너희 덕분이야.

그런데 혹여,
내가 사정없이 비틀대다가
어느 날 이 길에서 이탈하거든
나를 따라오던 걸음을 멈춰야 해.

그런 날이 온다면,
나 대신에 너희가 따라갈 선한 걸음이 너희 앞에 있기를,
그리고 너희의 선한 걸음을 따라가는 영혼이
너희 뒤에 있기를, 기도할게.

오늘도 먼저 삶이 부끄럽지 않게
한 걸음을 떼어 본다.

고맙다, 부족한 나의 뒤를 지켜 줘서.

아픔도 축복이 돼 .ᵒ○

외할아버지의 장례식.
손녀라기보다는 엄마를 대신해서
엄마의 자리를 지키고 있어.

팔남매 중 큰딸이었던 엄마의, 큰딸인 나.
엄마의 사돈의 팔촌까지도 날 알고 있고
신기하게 나도 기억이 나는 분들과 인사를 나누었어.

내 모습을 보고 엄마 생각이 난다며
눈물을 꾹꾹 누르시고, 내가 누구라고 설명하지 않아도
"인숙이 딸이지?" 하는 분들도 많이 있었어.

그런데 외롭더라.
우리 엄마는 이미 하늘에 있어서일까?
이모들이 나보다 자식들을 먼저 챙기는 모습이
부러워서일까?

엄마를 고생시켰다는 이유로

찬밥인 우리 아버지는 약주를 드신 건지
약주가 아버지를 삼킨 건지 모를 상태로
누구 하나 인정해 주지 않은
유령 같은 자리를 지키고 있었어.
그 모습을 보고 있으니 내가 더 외로워진 걸까?
외로워지고 있는 내가 느껴지더라.

그러다가 문득 내 쉬키들이 보고 싶어서 문자를 했어.
갑자기 외할아버지 장례식이 있어
전화도 못하고 미안하다고 내일 만나자고.
단체 문자는 정이 없어서 별로인데
상황이 상황인지라 어쩔 수 없이 단체 문자로 보냈어.

그런데 한 녀석의 답이 바로 도착했어.
단체 문자에는 답도 잘 하지 않는 녀석인데.

'괜찮슴돠. 쌤은 괜찮으십니까?'

이 문자 하나가 나를 울렸어.
감동이네, 짜슥.
고맙다고 답을 하고 보니, 이 녀석,
그래, 얼마 전에 사랑하는 할머니를 잃었어.
아픔이 같으면 아프다고 말하지 않아도
아픔을 눈치챌 수 있잖아. 바로 그 마음이더라.

아픈 쉬키들을 만나다가
그렇게 떼어 내고 싶던 내 아픔이 고마워졌었어.
내가 아프지 않았다면
녀석들의 아픔을 보지 못했을 테니까.
내가 아파 봐서 함께 아플 수 있었으니까.
별거 안 하고 같이 아픈 거만으로도
진심의 위로를 나눌 수 있었거든.

아픈 쉬키들을 만나니 내 아픔도 축복이 되었네.
언젠가 너희도 알게 될 거야.

괜찮습니다.
쌤은
괜찮으십니까?

그 아픔도 축복이 된다는 것을.

가족들이 잠시 자리를 비운 사이,
나는 외할아버지의 영정 사진 앞으로 가서
인사를 건넸어.
"할아버지, 안녕히 가세요.
하늘에 가서 엄마 만나거든,
저는 아주 잘 있다고 전해 주세요.
제가 공부는 못했어도 사랑은 잘하는 사람이 되었다고
요. 그리고 그 아픔도 다, 축복이 되었다고요."

아,
쉬키들이 아주 많이 보고 싶은 밤이다.

사랑은 부메랑 ～ ⌒

짠한 쉬키들을 모아 비전반을 만든 지 5년이 되었어.
언제 시간이 이렇게 지나갔는지 모를 만큼
순식간에 5년이 되었지.

오늘은 그 시간들을 돌아보게 되는 일이 있었어.
비전반 1기였고,
지금은 군인이 된 녀석의 편지가 도착했거든.

괴롭히는 사람은 없는지, 밥은 잘 나오는지,
바람이 불면 바람이 부는 대로
햇살이 비추면 비추는 대로 걱정이 되는 녀석이야.

"쌤, 바빠져도, 다른 쉬키들 많아져도,
제가 투정 부릴 시간은 내어 주셔야 해요."

편지의 마지막 부분에 이렇게 쓰여 있더라.
그 말이 왜 이렇게 짠하던지,
나도 모르게 눈시울이 붉어졌어.

나는 혼잣말을 했지.
"아무리 바빠도 네가 투정 부릴 큰 자리 하나 남겨 두마.
그리고 이미 있다, 그 자리."

혼잣말이었지만, 그 쉬키가 마음으로 들었을 거란
믿음은 어디에서 오는 걸까?
아마도 하늘에서 오는 거겠지?

녀석이 편지와 함께 대일밴드를 넣어 보냈더라.
대일밴드에 '쌤, 다치면 붙이세요!'라고 쓰여 있었어.
그걸 보니 힘들었던 내 마음이 치유되는 느낌이 들더라.
그 느낌은 분명 하늘에서 온 걸 거야.

그 녀석에게 전한 마음을
이 책을 읽고 있는 너에게도 전하고 싶네.
잘 들어 줘.

"고마워. 아픈 자리 털어 내고 잘 살아 줘서.

지금 네가 숨쉬고 있는 것만으로도
대견하고 기특하고 감사해.
고마워, 숨쉬고 있어 줘서.
잊지 말거라, 넌 이미 찬란한 보물임을.

그리고 우리 사랑하며 살자.
세상 사람들은 사랑이 소용없다고 말하지만,
쌤은 분명히 경험하며 살고 있어.

사랑은 부메랑이라는 걸.

네가 베푼 사랑이 언젠가 너에게 돌아와
핵감동을 선사할 거야, 분명히.

사랑은 정말 꼭 필요한 타이밍에
기가 막히게 돌아오는 부메랑이거든."

싸가지 훈련

쌤의 무대뽀 싸가지 훈련에도 개기지 않고
반성해 주며 예의 바른 청소년으로 무럭무럭
자라나 주는 내 쉬키루들!

그거 알지? 쌤이 너희들에게 싸가지 훈련시킨다며
기본 싸가지는 있어야 하는 거라며 잔소리를 하지만
어디 밖에서 누군가 다른 사람이 너희더러 싸가지가
없다느니 뭐라고 하면 절대로 못 참아! 안 참아!
아마 그러면 쌤이 사고치고 너희가 찾으러 와야 할 수도
있어. ^^ 그러니까 그 전에 사고 예방 차원 ^^
기본 싸가지는 훈련해서 보낼 거야.

곧 청년이 되지만, 그래도 잊지 마.
쌤 쉬키는 싸가지에 밥 말아먹을 수 있어야 해.
한 번 쉬키는 영원한 쉬키니까.

나는 무적의 써나쌤,
너는 우주를 누빌 내 쉬키! ^^ 사랑한다.

왜 살아야 하냐고?

바보야, 오늘이 너에게 왔잖아.
어디 딴데 가지 않고 안 오지 않고 도망가지도 않고
너에게 와서 웃고 있잖아.

그런 오늘에게 네가 싫다고, 저리 꺼지라고 말할 거야?
그 오늘은 어제 죽었던 사람이 그토록 바라던 내일인데?
오늘을 만나지 못한 누군가에게는 간절한 꿈이었는데?

그러지 마. 꿈꾸지 않아도 돼.
성공하지 않아도 돼. 일등 안 해도 괜찮아.

지나고 보면 알게 된다는 게 함정이지만
지나고 나면 분명히 알 수 있어.
오늘이 네게로 온 것이 얼마나 큰 축복인지…….

그때까지만이라도 가 보자.
곧 죽을 것 같았던 날을 추억이라 말할 수 있을 거야.
너에게 온 오늘을 꼭 잡아 줘.

너희는 내 꿈이야

내가 너무 가고 싶었던 교회에서
교회에 너무 가기 싫어하는 쉬키들을 가르치며
살고 있는 걸 보면 삶은 참 신기해.

난 수련회에 정말 가고 싶었는데,
수련회에 정말 오기 싫었던 너희들 앞에서 꿈을
이야기하려고 서 있는 걸 보면 참 신기하지 않니?

수련회는 내 꿈이었어. 엄한 아버지가
교회도 수련회도 허락해 주지 않으셨거든.
그러니까 너희는 몸을 배배 꼬면서 억지로 앉아 있는
그 자리가 누군가에게는 간절한 꿈일지도 모른다고.

그리고 지금은 너희가 내 꿈이라고.

사랑방에서

내가 쉬키들과 더 편하게 만나고
이야기하기 위해 마련한 사랑방.

이곳에 쉬키들과 머물고 있으면 천국이 따로 없다.

오늘은 책을 다 정리해 두고 쉬키들에게 설명을 했다.
"책장 두 번째 칸은 너희들에게 추천하는 책들이야.
쌤 없을 때 와서 심심하면 거기 보면 돼."
"아, 우리 쌤, 진짜 가끔 이렇게
쓸데없는 짓을 하신다니까. 헛수고 하셨네, 또."
"흥! 꼭 읽게 될걸."
이런 대화를 주고받았다.

헛수고.
쉬키의 말에서 그 단어가 쏙 나와 내 마음을 쿡쿡 찌른다.

그래, 쉬키들을 처음 만난다 그랬을 때,
누군가 그랬다. 헛수고라고.

그때 참 가슴이 아팠는데,
지나오니 그것도 이제는 추억이다.

나는 쉬키들에게 말했다.

"너희들 첨 만난다 할 때도 사람들이 그랬다.
헛수고라고, 쓸데없는 짓이라고.

봐라, 어디 그런가.

나는 믿는다.
누가 뭐래도 묵묵히 해 나가는 헛수고는,
언젠가 빛을 발한다는 걸.

사람들이 혀를 차며 쓸데없는 짓이라고 말해도
그것에 진심이 가득 담겨 있다면,
그것에서 언젠가는 눈부신 빛이 뿜어져 나온다는 걸."

니가 웃었으면 좋겠어 3

아무것도 해 줄 수 없어 미안해. 그런데 그거 알아? 사랑하면 흠집은 아무 문제가 안 되는 거. 흠집까지 예쁜 거. 지금 내 눈엔 네가 그런 거. 넌 사랑받기 위해 태어난 사람인 거……. 그냥 믿어 주라. 믿기지 않아도 믿어 주라. 그럼 진짜 믿어지고, 진짜 그 사랑이 가슴 깊이 느껴지는 날이 꼭 올 거야!

별이(예명)는 그즈음, 매일 울었던 기억밖에 없대. 엄마와 아빠는 매일 죽을 것처럼 싸웠고, 자신이 할 수 있는 건 우는 것밖에 없었대. 엄마와 아빠가 이혼하지 않기를 바라는 건지, 이렇게 싸울 거면 이혼하기를 바라는 건지, 자신의 마음도 모른 채 그냥 울기만 했대.

어느 날부터인가 눈이 침침하고, 눈앞의 풍경이 흐릿하게 보였는데, 너무 많이 울어서 그런 걸 거라고 생각했대. 몰랐으니까. 정말 그렇게 눈이 멀 줄은 상상도 못했으니까.

얼마 후, 엄마와 아빠는 이혼을 했고, 별이는 엄마와 함께 살게 되었어. 아빠를 볼 수 없다는 것이 어쩌면 다행이라고 생각했지. 아빠가 없으면 적어도 엄마와 아빠가 싸우는 모습은 보지 않아도 되니까. 그래, 그냥 그렇게 괜찮은 거라고 생각했어. 그리고 엄마와 아빠를 이해해 보려고 했어. 그런데 잘 되지 않았지. 그래도 엄마는 같이 사니까 다투기도 하고, 화해하기도 하고, 함께 웃기도 하고 울기도 하면서 이해되는 부분이 생겼어.

하지만 아빠를 향한 미움은 점점 자라났어. 처음에는 작은 싹이었는데, 점점 무성한 나무가 되었지. 그리고 그 나무에는 열매도 열렸어. 그 열매의 이름은 '원망'이었지. '어떻게 나한테 연락도 안 하지? 아무리 엄마랑 이혼을 했어도 나는 딸이잖아. 그런데 어떻게 이렇게 아무 신경을 안 쓸 수가 있어? 아빠는 날 버린 거야.' '연락하지 말아야지. 용서하지도 말아야지. 평생 미워할 거야.'

이렇게 열매의 숫자가 점점 늘어나고 있을 때, 별이는 그 열매조차 볼 수 없게 되었지. 아니, 아무것도 볼 수 없게 되었어. 인정할 수 없는 일이었지. 시력을 잃었다는 의사의 말을 듣고, 시각 장애인 판정을 받았지만, 자신의 일이 아니라고 생각했어. 금방 다시 눈이 보일 거라고, 컴컴해진 세상은 꿈일 거라고 믿었지. 하지만 점점 현실을 인정할 수밖에 없었어.

매일 눈앞에 펼쳐지는 것은 그저 어둠뿐이었고, 별이는 두려웠어. '사랑하는 사람들의 얼굴을 영영 잊어버리면 어쩌지?' 사람들을 떠올려 보았어. 엄마의 얼굴이 기억나고, 친구들의 얼굴도 떠올랐어.

그런데 그 다음…… 아빠! 아빠는 도무지 기억나지 않았어. 하지만 다행이라고 생각했어. 엄마를 통해 별이가 시력을 잃었다는 소식을 듣고도 아빠는 전화 한 통 없었으니까. 아빠는 그렇게 잊어야만 하는 사람이니까. 별이의 마음속, 미움나무는 점점 더 무성해졌고, 원망열매는 점점 더 많아졌지.

그렇게 몇 년이 흘렀어. 시간이 모든 걸 치료해 준다는 말이 진짜일까? 별이는 점점 아빠가 이해되기 시작했어. '그럴 수도 있었을 거야. 아빠도 말 못할 만큼 힘든 일이 있었을 거야. 아빠의 입장에서는 그게 최선이었을지도 몰라.' 이런 생각이 들기도 했지. 하지만 용서를 하는 건 자신 없었어. 아빠의 얼굴은 기억나지 않아도 그날, 뒤도 돌아보지 않고 집을 나가던 아빠의 뒷모습은 선명했으니까. 그렇게 아빠는 자신을 떠난 사람이니까.

그런데 이상했어. 별이는 문득 아빠에게 전화를 걸고 싶어졌어. 몇 번 시도를 하다가 그만두고, 다시 한 번 용기를 냈어. 통화 연결음이 들리고, 몇 년 만에 듣는 아빠 목소리. 밉다고 말하면서도 그리웠던 걸까? 별이는 문득 한 번도 쳐다보지 않았던 그리움을 발견했어. 무성한 미움나무 뒤에 숨겨 놓아서 보이지 않던, 그리움을 마주하니 그저 눈물이 났지.

아빠의 목소리를 듣고는, 어린 시절 자신과 놀아 주던 아빠의 모습이 떠올랐어. 갑자기 그 어린 시절, 그때 아빠와 신나게 뛰놀던 꼬마의 모습으로 돌아가 응석을 부리고 싶었지. 하지만 그럴 수는 없었어. 아무 일도 없었던 것처럼 말을 건네고 싶었지만, 입술이 딱 달라붙어서 좀처럼 떨어지지 않았지. 별이는 정말 힘들게 입을 열었어.

"저, 별이에요."
그 한마디가 참 어려웠지만 해냈지. 별이는 심호흡을 하고, 아빠의 목소리를 기다렸어. 잠시 후, 아빠는 기꺼이 목소리를 내어 주었지.

"그래, 뭐하고 있니?"
"뭐 필요한 게 있어서 사러 가고 있어요."
"눈도 안 보이는 애가 필요한 게 뭐가 있어?"

별이의 기대와 소망은 거기서 뚝, 끊기고 말았어.
'아빠에게 나는 '눈도 안 보이는 애', '필요한 게 있으면 안 되는 애'구나.'
별이는 순식간에 쩍쩍 갈라지는 마음을 붙잡을 힘이 없었어. 전화를 끊어 버렸어. 그리고 엉엉 울었지.

별이는 페이스북 메시지를 통해 나에게 이 아픈 이야기를 들려주었어.
"작가님 글을 통해 힘을 많이 얻었어요. 작가님이라면 들어줄 것 같아서 메시지 보냈어요."
"고마워, 나에게 말해 줘서."
나는 감사 인사를 건넸어. 그리고 잠시 후에, 별이가 보낸 메시지를 다시 천천히 보는데, 내 가슴이 너무 아프더라. 별이는 아픔을 다 꺼내 놓고는, 마지막에 이렇게 말했어.

"원래 사람들은 빨간 사과를 사잖아요. 흠집이 난 사과를 돈 주고 살 리가 없어요. 내가 흠집이 난 사과잖아요, 작가님."

나는 메시지를 뚫어져라 보다가, 고여 오는 눈물을 참다가, 오전에 만났던 안과 의사의 말이 떠올랐어.
"눈이 자극을 많이 받아 염증이 생겼으니 울거나 자극을 주지 마세요."
나는 눈물을 삼키고, 다시 메시지를 수십 번 보았어. 도저히 눈물을 참을 힘이 없어 힘없이 눈물을 흘렸지. 그리고 별이에게 해 줄 말을 썼다가 지웠다를 반복했어.

도무지 별이에게 해 줄 말이 떠오르지 않았어. 뭐라고 해야 할까? 흠집이 절대 안 났다고? 나도 흠집이 엄청 난 사람이니 너도 괜찮다고? 뭐라고 해도 위로가 될 수 없을 것만 같았어.

생각하고 생각하고, 또 말을 쓰고 지우다가, 지하철로 들어갔어. 그런데 문득 방향을 잃어버린 거야. 나, 어느 방향이었지? 한참을 멍하니 서 있다가 목적지를 떠올리고 계단을 내려갔어.

나는 메르스 때문에 방문이 연기되었던 청소년 보호시설에 가는 중이었어. "작가님, 입구에서 열 검사해요. 열 나면 못들어 와요." 담당자의 말이 떠올라 감기약을 먹었어. 감기에 걸리지 않았지만, 미리 먹었어. 열이 나면 그 별들을 앞에 두고 돌아서야 하니까. 꼭 만나고 싶었던 별들이니까.

그런데 갑자기 눈앞이 캄캄해졌어. 오늘 그 별들에게는 뭐라고 하지? 괜찮다고? 괜찮아질 거라고? 흠집이 났지만 있는 모습 그대로 가자고? 아니, 흠집 난 사과가 아니라고? 정말 모르겠더라고. 그나마 목적지를 잃지 않아 참 다행이었어. 적어도 방향은 말해 줄 수 있을 테니까.

나는 벤치에 앉아 페이스북 메시지 창을 다시 열었어. 흠집은 났지만 예쁜 사과에게 메시지를 보냈지.
"별아, 작가님도 사실은 흠집이 엄청 많은 사과야. 진짜 안 괜찮을 줄 알았는데 거짓말처럼 지금은 괜찮아. 시간이 흐르니 정말 괜찮아졌어.

그런데 앞으로 괜찮지 않은 시간이 또 올 거 같아. 그게 두려울 때도 많아. 그래서 자신은 없지만 네 손 잡아 줄게. 지금처럼 이 자리에 있을 테니 언제든 손을 내밀어. 방향을 잃었을 때 손 꼭 잡고 방향을 알려 줄게.

그런데 혹시 말이야. 내가 아주 나쁜 사람이 되어서, 내가 정말 큰 죄를 지어서, 아니면 어떤 오해를 받아서 이 자릴 떠날 수밖에 없게 된다면…… 정말 그런 일 없도록 노력하겠지만, 혹시라도 그렇게 된다면, 내 심장 속 하트는 여기에 꺼내 두고 갈게. 그 하트가 널 안아 줄 수 있게…….

아무것도 해 줄 수 없어 미안해. 그런데 그거 알아? 사랑하면 흠집은 아무 문제가 안 되는 거. 흠집까지 예쁜 거. 지금 내 눈엔 네가 그런 거. 넌 사랑받기 위해 태어난 사람인 거……. 그냥 믿어 주라. 믿기지 않아도 믿어 주라. 그럼 진짜 믿어지고, 진짜 그 사랑이 가슴 깊이 느껴지는 날이 꼭 올 거야!"

나는 메시지 전송 버튼을 누르고, 때마침 도착한 전철에 몸을 실었어. 그리고 심장 속 하트에게 안부를 물었지. 심장 속 하트가 대답했어.
"잘 있어. 아직까지는 안전해."
'참 다행이다.'

나는 곧 만나게 될 별들을 떠올렸어. 그리고 다짐했어.
'오늘도 이 하트로, 별들을 꼭 안고 와야지. 내가 떠나도 남아 있을 그 진심이 별들에게 닿을 수 있게.'

별이에게 답장이 왔어.
"작가님, 고마워요. 믿어 볼게요. 그리고 다시 살아 볼게요."

별아, 잘 있지?
작가님은 정말 니가, 웃었으면 좋겠다.

네 모습 그대로 사랑해

넌 별인 거야.
어둠이 짙으면 별이 더 빛나듯이
네 삶이 까맣다고 느낄수록 너는 더 빛나는 거야.
그러니까 까맣다고 좌절하지 말고
네 자체의 빛을 자세히 봐.
봐, 빛나잖아. 봐, 예쁘잖아.
어둠이 짙어져도 그건 잊지 마.

하늘이 웃더라

세상에 기타 하나만 있다면,
가장 행복할 녀석이 있다.
물론 내 쉬키!

새벽 1시.
그 쉬키가 보낸 카톡 도착!
내가 작사한 노래에 대해 묻는다.

"쌤, 고물심장 악보 있어요?
핑거스타일로 만들어 보게요."
"들어 봤어? 노래 완전 좋지?"
"아니요."
"야, 뭐야!!"
"쌤이 작사했으니까 당연히 좋을 거 같아서요."

여기서 감동의 파도가 밀려와
잠시 파도타기를 하고 톡을 보냈다.

"악보 물어볼게. 얼른 들어. 듣고 말해!"
"네, 알겠어요 ㅎㅎ"

오늘 아침,
눈을 뜨면서 웃음이 새어 나오는 건
이 카톡 때문이었다.

새벽에는, 듣고 나서 말하라고 잔소리를 했지만,
듣지도 않고 내가 썼으니
무조건 좋을 거라고 말해 주는,
사랑스러운 쉬키.

"어디서 이렇게 예쁜 쉬키가 나왔을까요?"

하늘에 대고 말하니 하늘이 웃더라.

"작가님은 청소년들의 쌤으로 사는 거 안 힘들죠?
저는 힘든데, 힘들면 못하려나요?"

어디서 이렇게
예쁜 니가 나왔니?

어느 학교에서 교사 강의를 하고,
질의응답 시간에 한 선생님이 이런 질문을 한 적이 있어.

나는 놀란 표정을 감추지 못하고 대답했지.
"악!! 저도 무지 힘들어요!
그런데요, 힘들어도 하세요.
정말 힘들어서 절벽 끝에 설 때,
이제는 진짜 그만하고 바다로 뛰어내리려고 할 때,
뒷덜미를 잡는 한 녀석이 있어요.

진짜 변하지 않을 것 같은 녀석이 환해져서 붙잡으면,
다시 웃으며 함께 절벽을 내려오죠.
그럼 진짜 신기해요.
절벽에 오를 때 보지 못했던 꽃이 있고 나무가 있어요.

힘들어도 하세요.
그 한 녀석 만날 때까지요.
그럼 그 꽃과 나무가 기적이란 걸 알게 되실 거예요.
그 기적이 선생님의 심장을 다시 뛰게 할 거예요."

사실 어제의 난, 또 절벽에 있었어.
정말 믿었던 쉬키가
예상할 수 없었던 문제를 일으켰거든.
마음이 찢어졌어.
그리고 당장 다 때려치우고 싶었지.

매번 겪으면서도 잊고 있었던 거야.
새벽에, 그리고 아침에 나에게 준비된 것이

다시, 꽃과 나무인 줄은.

"진짜 그만하려고 그랬는데,
또 괜찮아요. 또 해 볼게요.
어디서 이렇게 예쁜 제가 나왔을까요?"

땅에 대고 말했는데도 하늘이 웃더라.
너 덕분에, 하늘이 환하게 웃더라.

문제를 일으켜도,
말을 정말 안 듣는데도,
그래도 사랑스러운 너 덕분에.

밤 10시, 고기 타임

이 시간까지 한 끼도 안 먹고 있는, 호랑말코 같은 내 쉬키들.
친구들 불러와 같이 고기를 먹으면서 고기 먹고 교회 오라고 협박을 한다.
(자기도 잘 안 오면서 ㅋㅋ)

먹는 것만 봐도 배부른 이유를, 그저 사랑스럽다는 사실을, 숨쉬는 것만도 고마운 이 맘을 알까?
문득 이런 물음이 떠올랐다.
(몰라도 상관없다. 이 사랑은 내 몫이니까 ^^)

둘이 셋이 되고 셋이 여섯이 되고 여섯이 일곱이 되어 고기를 신나게 먹다가 한 녀석이 말한다.
"쌤, 5년만 있으면 제가 이런 고기 열 번 사 드릴게요."
"아싸! 오늘 일기에 적어 둘게!"
나는 크리스마스 선물을 받은 어린아이처럼 신이 났다.
(그 전까지 쌤이 고기 백 번 사 줄게. 그리고 만 번 사랑해 줄게.)

한 사람

청소년 단체의 정기 예배를 드리러 왔어.
이곳은 얼마 전까지만 해도 클럽이었던 곳이야.
지금은 예배 장소로 바뀌었지만,
그래도 모양새는 클럽이었을 때랑 크게 변하지 않았어.

예배가 시작되기를 기다리고 있는데
문득 내 앞에 내가 나타나더라.
갈색병 하나 들고 펑펑 울고 있는 스무 살의 나, 말이야.
요즘 날 찾아오는 어느 쉬키의 맘속에서
그 오선화를 자주 만나는데, 여기서도 또 만난 거야.

그 쉬키도 세월이 흐른 어느 날,
나처럼 웃을 수 있을 거란 생각이 드니까
마음에 잔잔한 파도가 일더라.

나는 오늘도 한 사람을 위해 기도할 거야.
어느새 내 맘속 모든 쉬키들은
사랑이란 이름으로 한 사람이 되어 있으니까.

네가 널 좋아해 줘

사람들이 자신을 좋아하지 않는다는 고민을 안고,
한 중딩 쉬키가 찾아왔어.
과자를 건넸는데 하나도 먹지 않고
내내 시무룩한 표정으로 고개를 숙이고 있었어.

나는 물었지.
네가 얼마나 예쁜지 아느냐고.
쉬키는 대답했어.
"엄청 못생겼어요. 남자애들은 하얀 여자애를
좋아하는데 전 너무 까매요."

나는 물었지.
"너는?"
쉬키의 눈이 동그래졌어.
"네?"
나는 쉬키의 눈을 보며 대화를 이어 나갔어.
"남자애들이 안 좋아한다며? 그럼 넌 좋아하냐고."
"아니요. 싫어요."

"네가 슬프겠다. 네가 널 좋아하길 바랄 텐데
네가 널 싫어하니까. 쌤이 보기에는 진짜
예쁜데 네가 그걸 모르니까."

쉬키는 마음이 좀 풀렸는지 이내 활짝 웃었어.

"대박! 웃으니까 진짜 예쁘다."
"아, 저 웃었어요? 진짜 오랜만이에요."

쉬키가 울 때는 눈물이 나지 않았는데
쉬키가 웃으니 눈물이 나는 건 무슨 이유일까?
눈물을 참느라 눈이 아플 정도로 눈에 힘을 주었어.

이야기를 나누다가 쉬키의 굳었던 마음이
조금씩 풀리는 느낌이 들었지.
같은 느낌이었던 걸까?
과자는 안 먹겠다던 쉬키가
"아, 쿠크다스 있었네. 나 이거 좋아해요" 하며

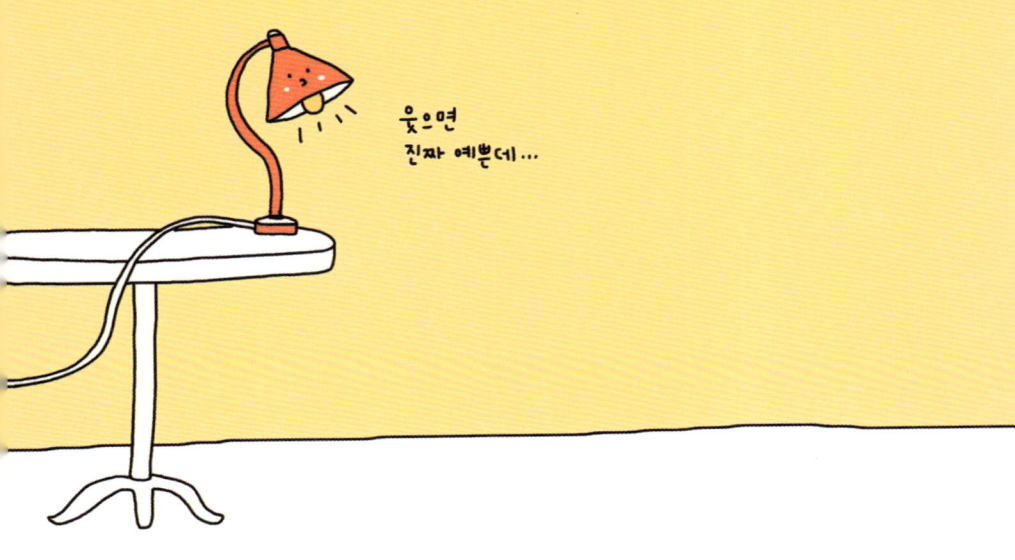

과자를 초토화시키더라.
역시 무적의 중딩!

그 쉬키는 한 시간쯤 더 웃고 떠들다 돌아갔어.

쉬키야!
이 글을 보는 너 말이야. 너도 널 좀 좋아해 줘.
누구보다 넌 네 사랑을 받고 싶어해.
그러니까 거울 보고 투덜대지만 말고 예쁘다고 말해 줘.
누가 뭐래도 넌 최고라고 말해 줘.

그럼 네가 밖으로 나가 걸을 때
더 힘차게 나아갈 수 있을 거야.

그리고 네가 누구든
어떤 모습을 하고 있든 내 눈에는 무척 예뻐.
그러니까 너도 널 좀 사랑해 줘.

축구하는 너희를 보며

쌤은 말이야,
내가 엄청 좋아했던 남자가 축구를
좋아한다고 했을 때도 축구를 보지 않았어.

월드컵이 열릴 때도 국민들이 열광하는 사이에
뭔가 이상한 법안이 통과될 거 같아
신문의 정치면만 봤어.
온 국민이 '붉은 악마'를 자처할 때도
크게 동요되지 않았지.
스포츠는 진짜 내 취향이 아니거든.

그런데 너희들이 축구를 한다는 소리에
두 시간 자고 나와 뚫어져라 보며
벌떡 일어났다 앉았다 하고 있다.

왜 그러냐고?
에효, 이게 다 사랑이라는 거다.
쌤의 깊은 사랑을 너희가 알 턱이 있더냐? ㅎㅎ

너희가 축구하는 걸 보면서
쌤은 진짜 놀랐다.
뭐든 심드렁한 너희들이
축구를 하면서는 빛이 나더라.

이 세상이 너희들에게
싫어하는 것만 시켜서 그랬나 봐.
좋아하는 것만 해도 된다고 말하면
이렇게 빛이 날 텐데 말이야.

어른들을 대신해서,
세상을 대신해서,
쌤이 사과할게.

고맙다, 숨쉬고 있어서.
고맙다, 빛을 내줘서.

역시 멋지다, 내 쉬키들!! ^^

세상을 다 준대도 너랑 안 바꿈!

"쌤, 돈 안 아까워요?"
함께 밥을 먹던 녀석이 물었다.

"안 아까운데?"
"우리 밥 사 준 돈 모았으면 집도 샀을 걸요?"
"그게 뭐? 집하고 너네 안 바꿀 건데?"

녀석은 할 말이 없어졌는지
다시 얼굴을 그릇에 박고 밥을 먹었다.
그리고 한참, 말없이 밥을 먹다 다시 입을 열었다.

"그럼요. 제가 나중에 돈 벌어서 보험을 비싼 걸로 들어서요. 사망 보험금을 쌤 앞으로 해 놓을게요. 3억? 4억? 그 정도면 엄청 좋으시겠죠?"

갑자기 내 목으로 들어가던 밥알이
돌멩이가 되어 명치끝에 걸렸다.
그걸 억지로 삼켰더니, 마음이 아렸다.

"아니. 하지 마. 4억하고 너 안 바꿔."
내가 이렇게 정색을 한 적이 있었던가 싶게,
내 얼굴에는 아무 표정도 깃들지 않았다.

"에이, 거짓말 마요. 진짜 4억 받음 엄청 좋아할걸요?"
"아니라고. 몇 조를 줘도 안 바꾼다고. 밥 먹어!"

나는 버럭 화를 내고 말았다.
녀석은 그제야 아무 말도 못하고 밥을 먹었다.
며칠째, 그 장면이 맘에 걸려 문득문득 마음을 찌른다.

이노무 쉬키야.
사람이 도저히 숫자로 적을 수도 없는
액수의 돈을 준대도 절대 안 바꿀 거야.
어디 돈 따위와 널 바꾸니?
세상을 다 준대도 너하고는 안 바꿀 거야.
어디 세상 따위와 널 바꿔?
그런 소리 절대 안 하는 거다. 약속!

뜸 들이는 시간

밥이 되기 전에 말이야. 뜸을 들이잖아.

그 시간이 다 똑같지는 않더라고.
압력밥솥인지, 전기밥솥인지, 냄비인지,
어디에 밥을 하느냐에 따라
뜸을 들이는 시간이 다 다르잖아.

그래서 너도 그렇다고 생각하려고.
너는 누구와 같을 수 없으니까
뜸을 들이는 시간이 다른 것뿐이라고.

요즘 그렇게 속을 썩이고
뒷골목까지 쫓아가서 붙잡게 만들지만

그렇게 생각하려고.
아직 밥이 안 된 것뿐이라고.

뜸 들이는 시간이 길다고
밥이 안 되지는 않잖아.

어차피 밥 될 건데, 뭐.
조금 더 기다려야 한다고 밥이 안 되는 건 아닌데, 뭐.

그래, 지금 뜸을 들이고 있는 거야.
그 뜸이 조금 요란할 뿐인 거야.
말하는 전기밥솥처럼
"뜸을 들이고 있습니다" 말도 하고

치익~ 소리도 내고 그런 거지, 뭐.

기다릴게.
쌤이 밥을 푸고 싶은 시간 말고
네가 뜸 들이는 시간에 맞출게.

뜸 들이는 시간이 길어지면
배는 더 고파지지만, 배가 더 고파지는 대신
밥은 더 맛있게 먹을 수 있는 거니까.

그래, 지금은 뜸 들이는 시간일 뿐인 거야.
그 시간이 조금 오래 걸릴 뿐인 거야.

기다릴게,
뜸이 잘못 들어서
밥을 다시 해야 한다고 말하더라도
기다릴 거야.

공부와 페북

쉬키들아.
쌤은 물론 너흴 믿는데 말이야.
그래도 이건 아닌 거 같아.

공부하다가 카톡하네요.
공부하다가 갑자기 치킨 땡겨요.
공부하고 있었어요.

이런 말 말이야.
이건 너무 웃겨.
여기서 '공부'는
'페북'이나 '멜론'이나 '카톡'으로
바꿔야 하지 않을까?

쌤은 물론 너희 말은 다 믿는데 말이야.
공부는……
그건……
너무 웃기잖아! ㅋㅋㅋㅋㅋㅋㅋㅋㅋ

그것만

그냥 하나만 알고 가자.
너희들이 아이라인 하지 않아도,
틴트 바르지 않아도,
왁스 처바르지 않아도,
무지 예쁘다는 거!
절대 꿀릴 필요 없다는 거!
제발 그것만 알고 가자.

잊지 마 ☆

얘들아, 나는 잊어도 돼.
박수도 안 받고 끝낼 거야. 내가 뭐라고 박수를 치니? 얼마나 찌질한데 진짜 아무것도 아닌데……. 그냥 앞에 서 있으니까 무대에서 말하고 있으니까 멋있어 보이는 거야. 진짜 멋있는 게 아니라…….

나는 잊어. 내 이름도, 내 모습도 중요하지 않아. 그저 하나만 기억해 주라. 네가 얼마나 소중한지, 네가 얼마나 빛나는지, 그건 기억하고 있어야 해.

넌 별인 거야.
어둠이 짙으면 별이 더 빛나듯이 네 삶이 까맣다고 느낄수록 너는 더 빛나는 거야. 그러니까 까맣다고 좌절하지 말고 네 자체의 빛을 자세히 봐.

봐, 빛나잖아.
봐, 예쁘잖아.
어둠이 짙어져도 그건 잊지 마.

롤링페이퍼

쉬키들이 롤링페이퍼를 선물해 주었는데 내가 그만 교회에 놓고 오고 말았다.
쉬키들의 원망이 날아올까 봐 온갖 카톡과 댓글을 조심하며 일주일을 보내다가 엄청난 잔소리와 함께 롤링페이퍼를 되찾았다.
녹초가 되어 집에 돌아왔는데 롤링페이퍼를 보니 사랑이 뚝뚝 나에게로만 떨어진다.
다시 힘이 난다.
이 쉬키들이 없으면 내가 살 수 있을까? 아니 내 삶에 이유가 있을까?
그거 아니?
너희는 내 삶이자 내 삶의 이유라는 거.
사랑한다, 너희 모습 그대로.

무모하지만 사랑해 ////

페이스북에 글을 올리면 1년 전 오늘이 뜬다.

1년 전 오늘,
난 소년원에서 출소하는 쉬키들에게 두부 대신 책을 보내자며 사인본을 판매하고 그 수익으로 책을 보내는 운동을 벌였다.

1년 전 어제,
우울지경인 쉬키들을 모아 공연 보고 밥 먹고, 한 달 생활비를 다 탕진하고도 웃으며 집에 돌아왔다.

몇 년 전부터 난 이렇게 무모한 도전을 벌이며 살고 있다. 1년 이상 같은 일을 하지 못하고 어디든 떠나야 직성이 풀리는 내가, 몇 년을 이렇게 살고 있는 게 나도 신기하다. 언제까지일지는 모른다.

몇 년 후 오늘,
내가 이제는 글만 쓰겠다며 숨어들 수도, 한국을 견디지 못해 이민을 갈 수도 있겠지.

그런데 지금 내 진심은,
1년 후 어제와 오늘도, 10년 후 어제와 오늘도, 쉬키들과 함께 행복하자고 외치며 무모하게 살고 싶다는 거다. 모든 '아픈 쉬키들'이 아픔을 삶의 일부로 인정하고 아픔 때문에 자신을 해치지 않는 그날이 오기 전까지는.

몸이 쑤셔 일어나기도 힘든 지금,
난 여전히 그날을 꿈꾸며 무모한 나를 사랑하고 싶다.

토닥토닥,
선화야, 넌 참 잘 하고 있어. 이대로 사랑 잘하며 살자.

토닥토닥,
쉬키들아, 너희는 참 잘하고 있어. 무모하지만 사랑해.
네 모습 그대로, 네 존재 그대로.

다섯 글자에 묻어난 나의 자존감

이번 주에 예배드리러 꼭 오기로 약속한 녀석들이 오지 않았다. 나는 씩씩거리며 카톡을 보냈다.

💬 이번 주에 안 나온 이유를 다섯 글자로 말해 보거라.

곧 답이 도착했다.

💬 늦잠 잤슴돠. 답이 없슴돠. 난장 깠슴돠.

나는 답장을 보냈다.

💬 이번 주에도 안 나오면 너희가 어떻게 되는지 다섯 글자로 말해 주마.

.
.
.
.
가루가 된다.

어쩌면 다행이야

쌤이 '신부님'이라고 부르는 후배가 있어.
쌤이 아주 힘든 이야기도 걸러 내지 않고
다 쏟아부을 수 있는 후배거든.
쌤은 그런 시간을 '고해성사'라고 부르고
후배는 내 고해성사를 들어주는 신부님이 되는 거지.

얼마 전에 힘든 일이 있었을 때
신부님이 내 얘기를 듣더니 그러더라.
태풍이 불어서 집이 무너졌을 때 집은 잘못한 게 없다고.
그 말에 얼마나 힘이 났는지 몰라.

왜 이 얘길 해 주냐고?
너도 집이니까.

너도 아무 잘못 없으니까.
너도 안 무너지고 싶었는데
갑자기 불어닥친 태풍 때문에 어쩔 수 없던 거니까.
그런데 왜 일어나라고 손을 내미냐고?

무너진 채로 있으면 이제는 태풍이 아니라
그저 바람만 불어도 힘들고 추울 테니까.
다시 집의 틀을 세워 봐야지.

튼튼한 벽돌집을 지을 자신이 없다고?
그런 자신은 쌤도 없어.
하지만 뭐, 천막이면 어때.
함께 온기 느끼며 밥을 먹고 얘기할 수 있는데!
그거면 괜찮지 않아?

에이, 그 표정은 뭐야.
그래도 네가 문제인 거 같아?
하긴 나도 그랬다.

내가 신부님에게 그랬거든.
내가 집이 아니고 태풍이면 어떡하냐고.
그랬더니 신부님이 그러더라.
내가 태풍이라고 해도
집만 부수고 진로를 바꿔서 참 다행이라고.

그치? 너도 다행이지?
주위를 봐.
아직 집 말고는 무너진 게 없어.
우체국도 은행도 떡볶이집도 치킨집도 그대로야.

이제야 웃네.
그럼 우리 1인 1닭 하러 가야지!
치킨 뜯으며 우리의 천막에 대해 얘기해 보자!

참, 목은 내 꺼다!
날개는 양보함!
흐흐, 고고!!

오늘 더욱 빛나는 너에게

사실 네가 힘을 얻었다며 고맙다고 했던 그 글 말이야.
사실 나는 그 글이 맘에 들지 않았어.
페이스북에 올려놓고도 맘에 안 들어서
몇 번이고 수정하고 다시 올려야지 생각했던 글이야.

그런데 왜 그대로 놔뒀냐고?
네가 힘을 얻었다니까.
네가 또 힘들 때마다 찾아보고 위로를 얻을 테니까.

작가의 자존심 따위를 어떻게 생명하고 바꾸겠어.
한 사람의 숨이 되었다는 건
어떤 문학상을 받은 거보다 기분 좋은 일이야.
너의 힘이 되었다면 더더욱 기분 좋은 일이야.

고마워! 글을 썼는데 사랑이라 읽어 줘서.
사랑한다 말했을 뿐인데 살아 보겠다고 대답해 줘서.
잊지 않을게, 지금 이렇게 빛나는 너의 웃음 :)

구명조끼를 양보한 선생님을 보면서

난 자신 없다는 생각이 들더라.
이런 상황일 때 내 목숨 따위 상관없이 내 쉬키들만
챙길 거라고 장담할 수 없겠더라.
그러나 내 쉬키들은 다를 거란 걸 알아.
내 쉬키들은 분명 내 걱정을 먼저 하며 우리가 더
창창하니까 쌤 먼저 입어요, 하며 구명조끼를 줄
것이라는 확신이 들어.
쉬키들을 알고 보면 내가 사랑하는 게 아니라
사랑받고 있다는 걸 매일매일 느낄 수 있으니까.
그러니까 나는 내가 조금이라도 더 사랑하고 싶어서
안달하는 거다.
지금까지는,
내가 더 사랑했다고 말할 수 있는 순간이
한순간도 없었으니까.

그래도 🎵

고마워,

술을 먹고도 와서.
시간이 늦어도 와서.
개피곤한데도 일어나서.
담배 냄새 풍기면서도 와서.

쌤이 억지로 숙취 해소 음료를 먹이고
페브리즈를 뿌리고
발로 차도 웃어 줘서.

그래서 하는 게 아니라
그러니까 움직이는 게 아니라
그래도 여기 있어서 참 예뻐.

그렇게 해 줘서 사랑하는 게 아니라
그렇게 해 주지 않아도 사랑하는 거야.

사랑해,

너희 모습 그대로
숨쉬어 주고
밥도 먹어 주고
웃어 주고 울어 줘서.

그래서 사랑하는 게 아니라
그래도 사랑하는 거야.

세상이 뭐라고 손가락질해도
사람들이 눈살을 찌푸려도,
그래도 사랑해.

아무 상관없어,
너희만 살아 있으면.

니가 웃었으면 좋겠어 4

"네가 언제쯤 알 수 있을까? 연락을 안 한다고 생각하지 않는 건 아님을, 일으켜 주는 것뿐만 아니라 스스로 일어나라고 말하는 것도 사랑임을……. 네가 알았으면 좋겠어. 하지만 몰라도 상관없어. 네가 몰라준다고 사랑이 사랑이 아닌 것은 아니니까."

"쌤, 또 넘어졌어요. 괜찮아요."
"그래, 믿어. 그런데 다음에 또 넘어지면 안 돼."

매번 이런 대화를 나누는 쉬키가 있어. 그 쉬키는 정말 자주 넘어져. 이상하게도 손에 상처가 많지. 긁힌 것도 같고 긋은 것도 같아. 하지만 그 쉬키는 항상 이렇게 말해. 넘어졌다고. 그런데 괜찮다고.

나는 믿는다고 말해. 한 번도 그대로 믿어 준 사람을 만나지 못했던 쉬키니까 믿어 주는 사람이 있다는 걸 알게 해 주고 싶었어. 그 쉬키는 내 말을 들으며 항상 헤헤 웃어. 그거 알아? 때론 웃음이 눈물보다 더 슬프게 느껴지는 거. 그 쉬키는 웃어도 웃는 거 같지가 않아.

"다섯 살 이후에 진짜로 웃어 본 적은 없는 거 같아요."
그 쉬키 스스로 이렇게 말하기도 했지.

그 쉬키가 다섯 살 때, 아버지가 갑자기 돌아가셨어. 엄마는 일을 해야 했고, 그 쉬키는 할머니 댁에 맡겨졌어. 엄마는 일주일에 한 번 오겠다는 말을 남기고 사라졌지. 그 쉬키는 대문 앞에서 매일 엄마를 기다렸어. 일주일에 한 번이 언제일지 모르니까, 매일 기다리다 보면 엄마가 올 거라고 생각했어. 그 쉬키가 기다림에 지칠 때쯤 엄마가 왔고, 엄마가 오면 세상을 다 가진 것 같았대. 일주일에 한 번, 세상은 그 쉬키의 것이었던 거야.

그런데 시간이 지날수록 세상을 가질 수 있는 횟수가 줄어들었어. 일주일에 한 번 오던 엄마가 한 달에 한 번, 두 달에 한 번……. 더 시간이 지나니까 생일 때만, 명절 때만 오는 거야. 그 쉬키는 점점 길어지는 기다림을 견뎌야 했지만, 기다림이 익숙해지지는 않았어. 매일의 해가 떠오르지만 자신만 비추지 않는 것 같은 기분을 느끼며 하루하루를 보냈지.

하지만 몇 년 후에 드디어 해가 쉬키를 비추었어. 쉬키가 초등학교에 입학할 나이가 되자 엄마와 함께 살게 된 거야. 엄마의 손을 잡고 엄마의 집으로 가는 날, 이제 세상은 매일 자신의 것이라고 믿었지.

하지만 그 믿음은 불과 얼마 후에 산산이 부서졌어. 엄마는 밤낮없이 일을 했고, 쉬키는 혼자 밥을 먹고 혼자 학교에 가야 했어. 오히려 할머니와 함께 살 때보다 더 외롭고 힘들어졌지. 엄마는 여전히 자주 볼 수 없었고, 쉬키는 여전히 긴 기다림 속에서 살았지.

그러던 어느 날, 쉬키가 넘어져서 많이 다쳤어. 바닥에 떨어져 있는 병 조각을 발견하지 못하고, 찔려서 피가 많이 났지. 쉬키는 주위에 있던 사람들의 도움으로 병원으로 옮겨졌고, 병원에서 보호자에게 연락을 했어. 엄마가 달려왔고, 쉬키는 웃었지. 쉬키는 무척 기뻤대. 엄마가 자신을 위해 달려왔으니까.

쉬키는 그 다음부터 넘어지기 시작했어. '내가 다치면 엄마가 오는구나. 내가 다치면 되겠어'라고 생각했거든. 쉬키는 엄마가 보고 싶으면 일부러 넘어졌고, 병원에서 엄마를 기다리는 시간이 행복했어. 엄마가 자신을 위해 달려올 거니까.

이제 성인이 된 그 쉬키는 총 아홉 번 넘어졌어. 여덟 번 넘어졌을 때, 그것이 마지막이기를 절실히 바랐는데, 결국 또 한 번 넘어지고 말았지.
"쌤, 손가락이 잘 움직이지 않을 수도 있대요. 신경이 건드려져서 그렇대요. 그런데 괜찮아요."

그 말에 나도 모르게 울컥, 화가 났어. 그만 넘어지라고, 그렇게 부탁을 했는데 또 넘어지다니……. 손가락이 움직이지 않을 수도 있다는 의사의 말을 듣고도 아무렇지도 않은 그 쉬키가 문득 너무 미웠어. 나도 모르게 소리를 질러 버렸지.

"쌤이 이제 넘어지지 말랬잖아. 누가 뭐래도 네가 넘어졌다면 내가 믿는다고 그랬잖아. 사랑한다고 그랬잖아. 내 말도 좀 들어주면 안 돼?"

넘어지지 말랬잖아.
믿는다고 그랬잖아.
사랑한다고 그랬잖아.

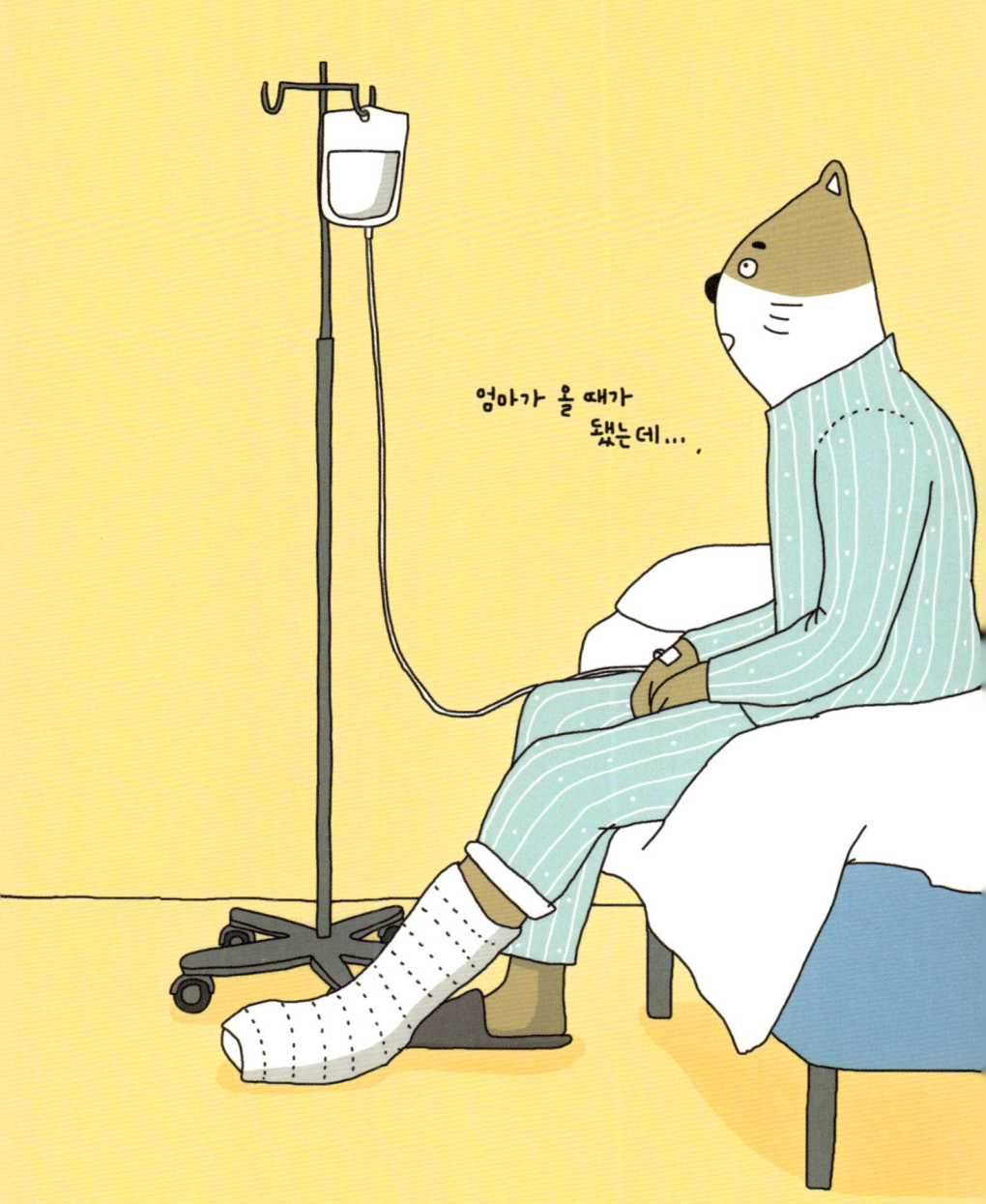

"나는 사랑 안 믿어요. 쌤이 아무리 사랑한다고 해도 못 믿겠어요."

나는 나도 모르게 그 말에 울어 버렸어. 얼마나 억울하고 야속하던지……. 어린아이처럼 주저앉아 엉엉 울고 싶은 걸 꾹 참으며 먼 산을 보았지만, 내 눈물은 허락도 없이 불쑥 나와 버리더라.

"진짜 그게 안 믿겨? 한 번도 믿어진 적 없어?"
"네. 그래도 나, 쌤을 아껴요. 내가 아끼는 사람이에요, 쌤은."

그 말에 조금 기분이 나아졌어야 맞는 걸까? 어린아이처럼 울고 싶은 걸 참아서일까? 정말 어린이이가 된 건지, 소리를 지르고 말았어.

"나는 네 말 안 믿을래. 네가 아낀다는 게 뭔지 모르겠어. 못 믿겠어!"

말이 끝나자마자, 바로 후회했어. 매번 감정 없이 얘기하던 그 쉬키의 표정이 흔들리는 걸 보았거든. 그런데 이미 뱉은 말을 담을 수는 없는 거잖아. 그렇게 유치하기 짝이 없는 내가 너무 싫더라.

사람들은 나에게 좋은 선생님이라고 말해. 하지만 내 쉬키들은 알 거야. 내가 얼마나 고약한 사람인지……. 나는 쉬키들이 서운하다고 말하면 나도 서운하다고 말해. 아픈 쉬키를 차분하게 부축해 주다가도 이제는 혼자 걸으라고 냉정하게 말하기도 해. 그리고 지금처럼 내 억울함을 숨기지 못하고 마구 소리를 지르기도 해.

이렇게 소리 지르고 나면 며칠 일도 손에 안 잡히고, 참 많이 먹먹해. 고약한 나를 마주하는 일은 참 많이 고약하거든. 더 속상할 걸 예상하지 못한 게 아닌데, 왜 그랬는지 모르겠어. 가끔 이렇게 정신연령이 쉬키들보다 훨씬 낮은 내가, 내 속에서 툭 튀어나오는 거 같아.

며칠 후에 나는, 그 쉬키에게 사과의 메시지를 보냈어.
"쌤이 미안해. 다 믿고 사랑한다면서, 너무 어린아이처럼 굴었어."

"아니에요. 이해해요."

"네가 언제쯤 알 수 있을까? 연락을 안 한다고 생각하지 않는 건 아님을, 일으켜 주는 것뿐만 아니라 스스로 일어나라고 말하는 것도 사랑임을……. 네가 알았으면 좋겠어. 하지만 몰라도 상관없어. 네가 몰라준다고 사랑이 사랑이 아닌 것은 아니니까."

쉬키는 답을 하지 않았어. 하지만 내 진심이 전해졌다고 믿기로 했어.
그 이후로 쉬키는 넘어지지 않았어. 그리고 이제 넘어지지 않을 거라는 걸 나는 알아. 아니, 나는 믿어. 아직도 그 쉬키의 웃음은 가끔 무척 슬프지만, 나는 믿어. 얼마 후에 정말 해맑은 웃음을 보여 줄 거라는 걸.

쉬키야, 나는 니가 웃었으면 좋겠어.
그리고 쌤이 바라는 것은 단 한 가지야.
다시는 넘어지지 않기를.
넘어지고 싶은 마음이 생기지 않기를 간절히 바라.

겨울이 가고 봄이 오듯이
네 마음에
눈이 그치고 새싹이 돋을 때
너의 웃음이
이 세상에서 가장 빛나기를.

곧
눈보라가 그치고 해가 뜰 거야.
그때
이 세상에서 가장 밝은 해가 너이기를.